100% 돈이 세상을 살린다

100% 돈이 세상을 살린다

빌 토튼 | 김종철 옮김

녹색평론사

우리가 모르는 돈의 지배자

어째서 국가는 돈을 빌리지 않으면 안되는가

장기간 집권 정당으로서 일본 정치에 군림해온 자민당 대신에 민주당이 정권을 장악했지만 일본의 정치 상황, 경제 상황에 큰 변화는 보이지 않는다. 선거에서는 자민당 정치로부터 벗어날 것을 소리 높이 외치며 거대한 변화를 강조했던 민주당임에도 불구하고, 막상 정권을 탈취한 지금 오히려 그 변화의 기미가 갈수록 별로 나타나지 않는 것에 대하여 실망하는 사람들이 많지 않은가.

그러나 내 의도는 여기서 민주당 정권의 무력함을 추궁하자는 것은 아니다. 내가 이 책에서 말하는 것은 일본 경제 및 선진국 경제에서 가장 중요한 결함에 관련된 문제이다. 자민당이건 민주당이건 현재의 경제시스템의 근간에 있는 결함으로부터 도피하는 것은 불가능하다.

그것은 어떤 결함인가?

이것을 설명하기 전에 하나 생각해보고 싶은 것이 있다. 일본의 2010년도 예산은 92조 엔을 넘었다. 이것은 당초 예산으로서는 과거 어느 때보다도 큰 것이다. 국채 발행액(신규 재원을 마련하기 위한 국채)은 44조 3,030억 엔. 무익한 예산 낭비는 철저히 배제하겠다는 약속을 내건 민주당 정권이었지만, 현실은 자민당 정권 시절보다도 더 큰 규모의 예산, 더 큰 규모의 부채로 짜여졌다. 국채 발행액이 GDP에 대해 차지하는 비율은 9.3%까지 올라간 것으로 보인다. 실제로 이 숫자대로라면 일본이 지금까지 누적시킨 총 일반정부부채는 GDP의 204% 이상이 된다. 즉, 일본은 1년간 생산한 모든 가치를 합한 금액의 2배 이상의 빚을 지는 것이 된다.

앞서 재정파탄의 우려가 표면화된 그리스에서는 GDP 대비 12.7%로 늘어난 재정적자를, 2010년도 예산에서는 GDP 대비 9.1%까지 삭감하겠다고 결정했다. GDP 대비로만 본다면 일본의 재정적자는 그리스와 동일한 수준이다. 더욱이 지금까지 쌓인 총부채를 보면, OECD 추정에 의하면, 그리스는 2010년에 130.2%가 된다. 재정파탄의 위기에 몰린 그리스보다도 일본의 채무 잔고 쪽이 더 심각한 상황인 것이다.

물론 단순히 수치만을 보고 비교하는 것은 의미가 없다. 그리스가 위기에 빠진 것은 EU 회원국이 되기 위한 조건을 충족하기 위해서 예전부터 분식결산(粉飾決算) 같은 것을 해왔고, 재정적 자를 은폐해온 나머지 그것이 국채시장의 반발을 사서 금리가 뛰어올랐기 때문이다. 그에 비해서 일본 국채의 수요는 여전히 높고, 금리는 최저 수준에 머물러 있는 상태이다. 그러나 일본의 재정이 부채에 찌들어 있는 것은 변함없는 사실이다.

여기서 의문을 제기하고 싶다. 우리는 국채 발행액이 증가했다, 즉 부채가 또다시 증가했다는 뉴스를 당연한 것으로 받아들이고 있다. 그런데 대체 무엇 때문에 국가는 국채를 발행하여 돈을 빌리지 않으면 안된다는 것인가?

"그런 어리석은 질문이 어디 있는가?"라고 생각하는 사람들이 있을지도 모른다. 경기가 악화하여 세수가 늘지 않고 세입이 줄어들면, 세출 부족분은 돈을 빌려서 보충해야 되는 것이 아닌가 ─ 그런 목소리도 들리는 것 같다.

그런데 내가 제기하는 의문은 그와 같은 의미가 아니다. 돈이 필요하면 정부는 윤전기를 돌려서 지폐를 인쇄하면 되는 게 아닌가. 어째서 그렇게 하지 않고 시장에서 ─ 주로 은행으로부터 돈을 빌리지 않으면 안되는가? 이 의문에 답할 수 있는 사람이 얼마나 될까.

사기적 행위에서 시작된 근대 금융제도

바보 같은 이야기로 들릴지 모른다. 그러나 지폐가 탄생한 것은 중국 송나라 때였는데, 이때 돈을 발행하는 권한은 황제에게 있었고, 다른 누구도 돈을 만드는 것은 허락되지 않았다. 황제는 필요할 때 돈을 만들고, 조세를 올리고 내림으로써 시중(市中)의 통화량을 조절했다. 거기서는 정부가 필요에 따라 돈을 만들어내는 일이 가능했기 때문에 재정적자란 존재하지 않았다.

그런데 어째서 오늘날 정부는 스스로 돈을 만들지 않고 돈을 빌리려고 하는가. 그 발단은 금융업자의 사기적(詐欺的) 행위였다고 한다면, 독자 여러분은 믿을 것인가.

중국 송대(宋代)에 지폐가 탄생했을 무렵, 중세 유럽에선 금화가 돈으로 사용되고 있었다. 그러나 금화는 부피가 크고, 또 집에 보관해두자면 안전상의 문제가 있어서 부자들은 금화를 주조하는 금세공사(金細工師)들에게 자신들의 금화를 맡겼다. 금세공사는 업무상의 필요 때문에 안전한 금고를 가지고 있었기 때문이다. 금세공사는 맡은 금화에 대해서 보관증을 발행했다. 그러자 결제 시에 일일이 금화를 인출하는 것은 번거롭기 때문에 이 보관증이 유통되기 시작했다. 금화는 금세공사의 금고에 들어있는 상태에서, 보관증만 주고받는 거래가 이루어지게 된 것이다. 이것이 서양에서의 지폐의 실질적인 시작이다.

제2장에서 상세히 이야기하지만, 금세공사는 이 상황을 잘 이용했다. 금세공사는 금화를 보관하는 동시에 맡아둔 금화를 대출하여 이자를 취하는 비즈니스를 시작했지만, 증서를 발행할 뿐 실제로 금화가 움직이는 것은 아니기 때문에 보관하고 있는 금화보다 더 많은 금화를 대출할 수 있었다. 그리하여 금세공사

는 갖고 있지도 않은 금화를 빌려주는 비즈니스를 행함으로써 크게 돈을 벌고, 금융업자로 변신하기 시작했던 것이다.

17세기에 이르러 잉글랜드 국왕 윌리엄 3세는 프랑스와의 전쟁으로 자금을 탕진하고 말았다. 그때 한 금융업자가 120만 파운드라는 자금을 제공하겠다고 나섰다. 조건은 연간 8% 이자와 대여된 120만 파운드 금액까지 은행권을 발행할 수 있는 권리였다.

이때 윌리엄 3세에게는 자신이 스스로 지폐를 발행할 수 있다는 생각이 떠오르지 않았던 것 같다. 그는 금융업자의 조건을 받아들이고 자금을 조달했던 것이다. 이때 설립된 것이 잉글랜드은행이며, 잉글랜드은행은 발권은행으로서 중앙은행의 원형이 되었다. 이로써 오늘날까지 계속되고 있는 금융시스템의 근간이 형성된 것이다.

잉글랜드은행이 한 일은, 금세공사와 마찬가지로, 사기적 비즈니스였다. 120만 파운드의 은행권을 발행할 권리 — 120만 파운드의 돈을 대출할 권리 — 를 획득한 잉글랜드은행은, 금고에 대출을 뒷받침할 금화가 없음에도 불구하고 은행권을 발행한 것이다. 그리고 이자를 취했다. 요컨대 아무것도 없는데도 돈을 빌려주고 이자를 취하여 이익을 올리는 비즈니스 말이다.

이것은 현재까지 은행 비즈니스의 기본이 되어 있다. 지금까지 경제학의 기초이론으로서 '신용창조'라는 거창한 이름이 붙여져왔지만, 금고에 보관하고 있는 것 이상의 돈을 대출한다는 기본 구조는 조금도 다르지 않다. 은행은 신용창조라는 이름으로 예금자가 맡긴 돈의 수십 배가 되는 금액을 대부하고 있다.

기업이나 개인은 말할 것도 없고, 국채매입이라는 형태로 정부 한테까지도 대부하고 있다.

처음의 질문으로 되돌아가자. 어째서 국가는 돈을 빌리지 않으면 안되는가. 그 이유는 간단하다. 정부가 스스로 화폐를 발행할 권리를 방기하고, 그것을 민간은행에 위탁해버렸기 때문이다. 금세공사가 무(無)로부터 돈을 대부하기 시작한 데서 비롯된 근대 금융시스템의 관습을 따르고 있는 것일 뿐이다.

돈을 만들고 있는 것은 정부가 아닌 민간은행

여러분은 지갑 속에 10만 엔밖에 들어있지 않을 때 100만 엔의 돈을 친구에게 빌려줄 수 있는가.

말할 것도 없이 그것은 불가능하다.

그런데 은행은 그렇게 할 수 있다. 100만 엔의 예금이 있으면, 그 돈이 인출될 때를 대비하여 몇 퍼센트인가의 준비금을 남겨두고 나머지는 다른 사람에게 대출한다. 대출할 때에는 돈을 빌리고자 하는 사람의 계좌를 열어 거기에 돈을 넣어준다. 이렇게되면 형식상으로는 새로운 예금이 불어났기 때문에, 또 그 금액 대부분을 대출로 돌리는 일이 가능하다. 이것을 계속해서 되풀이하는 것이 신용창조인데, 요컨대 이것은 현실에 실제로 존재하지 않는 돈을 시중에 공급하는 것이다.

바꿔 말하면, 이것이 민간은행이 돈을 만들어내는 메커니즘이다. 많은 사람들이 돈은 정부나 중앙은행이 만들어내는 것이라고 생각할 것이다. 그러나 그것은 큰 착각이다. 돈은 민간은행에 의해 만들어지고, 시중에 뿌려진다. 통화량을 결정하는 것은 정부나 중앙은행이 아니라 민간은행인 것이다.

대부분의 나라의 정부가 정부 자신의 손으로 모든 화폐를 만들고 있지 않고, 민간은행에 화폐의 창출(그리고 파괴)을 맡겨놓고 있다. 이것은 금융시스템의 커다란 결함이라고 말해도 좋다.

물론 은행의 신용창조가 경제발전에 크게 기여해온 것을 이해하지 않는 것은 아니다. 은행이 기업에 자금을 제공해온 덕분에 경제는 성장하고 사회는 발전해왔다. 그러나 신용창조를 담당하는 것이 민간은행이어야 한다는 이유가 어디에 있는가.

오히려 현재에는 은행에 화폐의 창출과 파괴를 맡겨놓음으로 인한 폐해가 현저해지고 있다. 1930년 세계 대공황도, 일본의 버블경제 발생과 그 붕괴도, 미국의 IT버블도 그리고 이번의 리먼쇼크도 은행이 화폐 창출권을 장악해온 것이 근본적인 원인이다. 또한 그것은 경제사이클(버블과 불황), 많은 경우 인플레와 디플레, 대부분의 공적 채무, 지속 불가능한 성장을 추구하는 것, 그리고 빈부격차의 확대(부유한 채권자와 가난한 채무자)의 원인이기도 하다. 나아가서는, 세계 전역을 돌아다니며 한 나라의 경제마저 파탄으로 이끄는 '투기 머니(money)'가 발호하도록 된 것도 가장 큰 원인은 은행이 돈을 장악하고 있기 때문이다.

이 금융시스템의 결함은 우리의 삶에도 중대한 영향을 끼치고 있다. 경기 동향에 따라 기업 실적이 좌우되고 수입이 증감하는 것은 물론이고, 카지노경제가 제공하는 달콤한 유혹에 의해서 인생의 제어장치가 망가진 사람도 적지 않다. 또 근래에는 증세(增稅)에 관한 논의가 부쩍 비등하고 있는데, 이것도 나라의 부채가 위기적 상황으로까지 팽창한 탓이다. 심하게 말하면, 만약 우리가 십 몇 퍼센트 정도까지 소비세를 내지 않으면 안되게 되었다고 하면, 그것도 이 금융시스템의 결함이 초래한 일이다.

어째서 그 누구도 이 금융시스템의 결함에 주목하지 않는가

그 정도의 결함이 있는데도 어째서 지금까지 개선되지 않았을까. 은행의 신용창조가 결함이 있다는 따위의 주장은 들어본 적도 없는 사람도 있을지 모른다. 그러나 이름이 알려진 경제학의 세계적인 권위자들 중에서 통화공급을 은행에 맡겨두고 있는 것의 위험성을 지적하지 않는 사람이 없다. 또 저명한 경영자나 금융전문가, 나아가 정치지도자들 — 예를 들어, 미국 대통령 — 중에도 사기적인 금융시스템에 주목하여 경종(警鐘)의 말을 남긴 사람이 적지 않게 존재하고 있다.

그러나 그러한 목소리는 좀처럼 일반인들에게까지 미치지 않았다. 어째서인가. 금융자본이 거대화하고 강대한 힘을 가지게 되었기 때문이다.

돈을 창조하는 금융자본은, 말하자면 경제의 동맥을 좌우하고 있다고 할 수 있다. 그들이 화폐공급의 밸브를 열거나 닫음으로써 경기의 동향은 크게 변한다. 이 권력구조에 정치도, 기업도 기대고 있다. 즉, 정 · 관 · 재(政官財)가 결탁하여 현재의 금융시스템을 유지하는 동시에 돈의 본질을 베일로 가리고 있는 것이다.

민간은행이 국민이나 사회의 행복에 공헌하는 기업 쪽으로 자금을 돌린다면, 이 금융시스템도 그 나름의 가치를 발휘한다. 실제로 1980년대까지 일본에서는 일본은행의 엄격한 창구지도(窓口指導)에 의해서 성장산업에 집중적으로 자금이 투하되었다. 그 결과 일본은 고도 경제성장을 이루어 잿더미로부터 기적의 부흥을 실현했고, 국민생활이 향상되었던 것이다.

그러나 일본정부는 1990년대로 접어들면서 구미(歐美)로부터의 급격한 규제완화 · 시장개방 요구에 굴복하여 점차 통제의 손을 놓아버렸다. 일찍이 사원이나 국민생활을 첫째로 여기던 일본의 기업들도 이익 우선 또 주주(株主) 중시의 자세로 변하였고, 금융기관은 돈 버는 것을 최우선적인 목적으로 삼게 되었다. 따라서 국민생활에 기여하는 산업에로의 자원 배분보다는 손쉽게 이익을 올릴 수 있는 부동산 등에 융자하는 것을 중시하게 되었고, 은행 스스로도 머니게임에 참가하게 되었다. 그리하여 '투기 머니'는 급격히 불어나 거대한 버블을 발생시켰다. 그것은 경제의 카지노화와 다름없는 것이었다.

처음 일본에 와서부터 40년, 지금까지 일본에서 비즈니스를 해온 나는 일본 경제의 성쇠를 이 눈으로 보아왔고, 나 자신의 사업활동을 통해서 경험해왔다. 그토록 물건 만들기에 자부심을 가지고, 우수한 제품과 모범적인 비즈니스 모델을 쌓아올렸던 일본이 1980년대 후반부터는 버블경제에 열광하고, 1990년대의 버블 붕괴와 함께 일시에 나락으로 떨어져버렸다. 이로 인해 수많은 비극이 생겨났고, 적지 않은 사람들이 인생을 망쳐버리는 사태가 전개되었다.

자신을 잃은 일본인은 미국을 모델로 한 글로벌리즘의 침략을 허용하고, 점차 시장개방·규제완화를 실시해왔다. 그 결과 얻어진 것이라고 하면, 실업률 증가, 소득격차 확대, 범죄 및 자살의 증가이다. 사람들은 돈에 대한 탐욕에 휩싸여버렸고, 카지노경제가 제멋대로 날뛰게 되었다.

일부 권력자들에게는 카지노경제는 대단히 달콤한 세계이다. 탐욕스러운 금융기관이나 기업은 단기적인 이익을 올릴 수 있고, 그로 인해 정치가에게도 헌금이라는 형태로 거액의 돈이 돌아간다. 그들은 현재의 시스템을 바꾸기는커녕 규제완화를 더욱더 진전시키고 카지노경제를 확대하고 싶을 것이다. 그러므로 그들에겐 금융의 세계가 복잡·난해하여 일반 사람들이 이해하기 어려운 세계로 남아있는 편이 좋은 것이다.

이러한 결함에 대해서 나는 많은 책과 기사를 모아서 읽었다. 그 다수는 세계적으로 권위 있는 사람들이 쓴 것이다. 그것들을 읽고 나서, 나는 이 결함에 대해서 사람들이 간단하게 이해할 수 있도록, 그리고 현재와 같이 빈부격차가 확대되는 등 수많은 문제를 갖고 있는 사회에서, 사람들이 이러한 결함을 시정하도록 정부에 요구할 수 있도록 만들어줄 책이 일본어로 집필되어야 한다고 생각했다.

카지노경제의 타파와 사람들을 위한 금융 ─ '100% 돈 시스템'

그러면 우리의 생활을 위협하는 카지노경제를 타파하고, 금융시스템을 근간에서부터 개조할 수 있으려면 어떻게 해야 할까. '100% 돈' ─ 이것이 내가 제시하는 처방전이다. 대부분의 독자들은 들어본 적이 없겠지만, '100% 돈'이야말로 카지노경제를 타파하고, 통화시스템의 결함을 시정할 수 있는 유일한 방법인 것이다.

확실히 해두어야 할 것은, 여기서 언급하는 기본적인 생각은 내가 독창적으로 생각해낸 것이 아니다. 오히려 많은 권위 있는 전문가들에 의한 엄선된 생각이라고 말할 수 있다(책의 말미에 목록을 게재한다).

나의 역할은 이 생각을 알기 쉬운 언어로 일본 국민, 유권자들에게 널리 알리는 것이다. 그리하여 이 책을 읽은 독자들이 국가에 필요한 '변화'를 정부에 요구할 수 있을 것이다.

이를 위해서는 우선 화폐의 본질을 이해하지 않으면 안된다. 그리고 돈이 만들어지는 시스템의 결함이 우리에게 어떠한 불이익을 가져다주는지를 바르게 인식할 필요가 있다. 그렇게 한다면 '100% 돈'의 정당성과, 그 극적인 효과가 이해될 수 있을 것이다.

우선은 가급적 많은 사람들이 돈에 대해서 올바른 인식을 갖는 것이 중요하다. '100% 돈'이라는 처방전을 실현하기 위해서는 거기서부터 시작하지 않으면 안된다. 진실을 아는 사람들이 많으면 많을수록 변혁을 추구하는 힘은 커질 것이다.

이 책이 많은 사람들에게 진실을 알게 되는 계기가 되기를 간절히 바란다.

목차

제1장

카지노경제
— 앵글로색슨 자본주의의 도달점

역사의 흐름을 결정하는 최대의 요인은 돈이다.

— 칼 맑스, 《공산당선언》

정부가 돈을 은행가에게 의존할 때, 상황을 통제하는 것은 정부 지도자가 아니라 은행가가 된다. 돈을 쥔 자가 지배권을 갖기 때문이다. 돈에는 조국이 없다. 금융가는 애국심도 양식도 없다. 그들의 유일한 목적은 이익을 챙기는 것이다.

— 나폴레옹 보나파르트(프랑스 제1제정 황제)

자본주의가 가져온 '카지노경제'의 죄악

　이 20년 사이에 일본과 세계의 경제 및 사회가 경험해온 혼란과 쇠약 − 거듭되는 버블의 팽창과 그 파열, 빈부격차의 확대, 환경파괴, 인심의 황폐화 등 − 의 원인은, 경제가 카지노화된 것에 있다고 나는 생각한다. 금융시장이 거대한 도박장으로 변한 것이다.

　경제의 카지노화를 추진한 것은 머니(money) 자본주의의 만연과 글로벌리즘인데, 그것은 금융 자유화의 파도에 의해서 부추겨졌다. 머니 자본주의를 조종하는 미국의 금융해적(금융기관)들은 경제적인 국경이 제거되는 글로벌리즘이 진전함에 따라 손쉽게 돈을 벌기 위해서 머니게임을 왕성하게 벌여왔다. 서브프라임 문제도 그러한 머니게임의 하나이다. 그들은 자신들의 이익을 극대화하기 위해서 신용도가 낮은 저소득층에까지 집을 담보로 대부를 남발하여 주택버블을 부풀려왔던 것이다.

　카지노화된 경제는 앵글로색슨이 구축해온 자본주의의 궁극적 도달점이라고 나는 생각하고 있다. 영국에서 태어나서 미국이 세계 전역에 침투시킨 이 경제시스템은 기본적으로 강자가 더욱 강해지기 위한 시스템이며, 그 전제로 많은 희생을 요구한다. 나는 이 몇 년간 경제학의 원점이라고 불리는 책들을 다시 읽고, 또 많은 식자들과 토론을 하면서 자본주의경제의 역사를 검증해보았다.

　그 결과 나는 하나의 결론에 이르렀다. 그것은 우리의 경제의 근간이 되어 있는 자본주의라는 시스템은 매우 불완전한 것이며, 모든 사람들을 행복으로 이끌어줄 존재가 아니라는 것이다.

경제학의 역사를 상세히 살펴보면 규제완화나 민영화, 글로벌리즘이 얼마나 사기적이며 — 어떤 특정인들만을 유리한 상황으로 인도한다는 의미에서 — 위험한 것인가를 이해할 수 있다. 규제완화와 민영화, 글로벌화를 통해서 모든 것을 시장의 결정에 맡겨두는 것이 자본주의의 궁극적 모습이다. 그것이 세상의 부를 늘리건 아니 늘리건, 확실히 말할 수 있는 것은 부의 배분을 더욱 불균형하게 한다는 것이다. 자본주의의 역사는 일부 특권계급의 인간이 다수의 희생자들 위에서 자신들의 몫을 증가시켜온 역사인 것이다.

그리고 고도의 금융공학이 만개한 지금, 이 착취라고 말해도 좋을 수탈 시스템의 위험 수준은 과거 어느 때보다도 높아졌다. 그것은 리먼쇼크를 되돌아보면 명백하다. 미국의 부동산 버블의 붕괴는 즉각적으로 세계경제 전체에 파급되어 각국의 금융시장에 대타격을 가했다. 그 충격은 국가의 골격을 흔들 만큼 컸다. 사실 북유럽에서는 재정위기에 빠진 나라도 있다. 금융해적이 자신들의 돈벌이를 극대화하기 위해서 만든 틀이 와해됨으로써 국가의 존망까지도 위협을 받는 사태가 된 것이다.

그러나 경제에 문외한인 많은 사람들은 시장경제나 자본주의야말로 가장 좋은 시스템이고, 시장개방과 민영화, 글로벌화는 올바른 방향이라는 생각을 주입받아왔다. 고이즈미(小泉) 전 총리가 실시한 우정(郵政) 민영화를 내세운 선거에서처럼 시장개방을 추진하는 개혁파는 정의롭고, 규제를 지키려는 보수파는 나쁘다는 이미지를 갖고 있는 사람도 많을 것이다. 그러나 자본주의의 역사를 잘 들여다보면 이 자본주의라는 시스템이 얼마나 기만에 가득 찬 것이며 불완전한 것인가가 잘 이해된다. 여기서 간단히, 자본주의가 어떻게 전개되어왔는가, 그 성립과정을 간단히 되돌아보기로 하자.

앵글로색슨의 역사는 강탈과 사기에 의해 성립하고 있다

자본주의를 낳고, 발전시켜온 것은 앵글로색슨이다. 11세기, 북방에서 이동해온 노르만인이라고 불리는 게르만족이 영국을 정복하여 같은 게르만 민족 중에서 앵글족, 색슨족과 융합함으로써 형성된 것이 현재의 앵글로색슨 민족이다. 그들은 영국에서 자본주의를 탄생시켰고, 영국에서 분리된 미국의 앵글로색슨이 자본주의를 세계 전역으로 전파시켜왔다.

나는 민족문제를 논할 생각은 아니지만, 자본주의 성립의 역사를 보자면 앵글로색슨의 역사를 언급하지 않을 수 없다. 그들은 탐욕과 수탈을 통해서 이권을 획득하고, 그 이권을 더욱 강고한 것으로 만들기 위해서 자본주의라는 경제시스템을 고안하여 확산시켰기 때문이다.

원래 유럽의 역사는 탐욕과 정복에 의해 성립되어 있다. 4~5세기경부터 시작된 게르만 민족의 대이동은 로마제국을 무너뜨리고 몇 개의 게르만 국가를 출현시켰지만, 부족 간 싸움과 대립으로 내분이 계속되어 매우 불안정했다. 그러다가 프랑크족의 프랑크왕국이 대두하여 서유럽 전역을 지배하는 대제국이 되었다.

영국에서는 5세기경부터 북방의 앵글족, 색슨족이 진출하여 토착화한다. 그리고 앞에서 말한 것처럼 11세기에 노르만인의 침략을 받아 정복되어 앵글족, 색슨족, 노르만족이 융합함으로써 현재 영국을 구성하는 주요 인종인 앵글로색슨이 형성된 것이다.

정복왕 윌리엄 1세가 1066년에 잉글랜드에 세운 노르만왕조가 현재의 영국의 원형이다. 그리고 이후의 영국 역사는 민주주의 확립의 역사라는 것을 여러분도 역사수업에서 배웠을 것이다. 프랑스에 패하여 대륙의 영토를 잃은 데다가 법왕과 싸워 파문을 당한 존 왕에 맞서서 귀족들은 반항하여 관습법의 확인 및 귀족의 특권 존중 등을 규정한 마그나카르타(대헌장)를 성립시켰다. 그러나 존 왕의 아들 헨리 3세가 이것을 무시하는 정책을 취하자 귀족들은 국왕과 무력으로 맞섰고 이겼다. 그리하여 귀족들로 구성된 신분제 의회가 성립되었다.

17세기에는 국왕 찰스 1세가 부당한 과세를 행하고 청교도를 박해하였기 때문에 의회의 급진파 세력이 무력으로 저항했다. 이른바 청교도혁명이다.

이 청교도혁명은 부당한 과세와 청교도에 대한 탄압이 원인이 되어 일어난 것은 사실이지만, 한편으로는 귀족들의 세력 확대를 위한 투쟁이었다는 측면도 간과할 수 없다. 그것은 모직물 공업의 발전이 원인이었다.

당시 모직물 공업은 잉글랜드의 주요 수출품으로서 급속히 발전하고 있었다. 모직물의 원료는 말할 것도 없이 양모(羊毛)이다. 양모는 양들로부터 취한다. 양들을 사육하기 위해서 광대한 목초지가 필요해졌고, 그때까지는 사람들의 공유재산이었던 토지에 울타리가 둘러쳐져 사유지로 되어버렸다.

이 과정은 매우 거칠었다. 각지의 유력자가 무장 깡패를 고용하여 거기에 거주하고 있던 사람들을 힘으로 쫓아내버린 것이다. 청교도혁명을 뒷받침한 것은 이러한 울타리 치기(엔클로저)를 통해서 큰 세력을 획득한 지주(귀족)들이었다. 그들은 크롬웰이 권력을 장악하자 엔클로저를 통해서 획득한 토지에 대한 권리를 의회에서 합법적인 것으로 만들어, 완전히 자신들의 소유로 확정했다.

지주들은 광대한 목장에서 양들을 길러 양모를 생산하여 막대한 부를 쌓아올렸다. 한편, 토지를 잃고 도탄에 빠진 사람들은 지주들에게 고용되어 가난한 삶을 살아갈 수밖에 없었다. 그리하여 부유한 자와 가난한 자 사이의 빈부격차가 급속히 확대되었다. 그리고 그 격차는 산업혁명으로 더욱 가속화된다.

산업혁명으로 부를 쌓은 부자들을 위해 태어난 '자본주의'

증기기관의 발명으로 기계산업은 비약적인 발전을 거두었다. 이 산업혁명에 의해서 공장에서의 대량생산이 가능해졌고, 경제나 사회가 크게 변화한 것은 모두가 알고 있는 사실이다. 자본가는 다수 노동자를 고용하여 물건을 생산하고 막대한 부를 쌓는 한편, 노동자는 저임금으로 일을 하고 곤궁한 생활을 한다. 가진 자와 가지지 않은 자의 격차는 갈수록 벌어져왔다.

또 대량생산에 의한 상품유통의 발달은 시장에 경쟁을 가져왔다. 경쟁하는 시장이야말로 자본주의의 원점이다. 경쟁에 이겨서 부를 창출하는 것이 시장에 참가하는 자들의 목적이 된 것이다.

여기에 이론적인 이유를 부여한 것이 경제학의 시조라고 일컬어지는 4명의 이코노미스트 ─ 애덤 스미스, 토머스 맬서스, 데이비드 리카도, 존 스튜어트 밀 ─ 이다. 애덤 스미스는 《국부론》, 맬서스는 《인구론》, 리카도는 《경제학 및 과세의 원리》, 밀은 《경제학원리》를 저술했는데, 한마디로 말한다면 그것들은 전부 부를 창출하는 방식을 논한 것이다. 다시 말하자면, 그것들은 엔클로저에 의해서 수많은 토지를 강탈한 지주, 산업혁명에 의해서 막대한 부를 손에 쥐게 된 자본가들을 정당화하기 위해서 만들어진 이론이다. 즉 돈을 가진 자들이 여태까지 해온 것을 합리적으로 설명해주는 논리이며, 그들이 한층 더 부를 쌓기 위해서 필요한 도구였다.

그런데 이와 같이 생겨난 자본주의는 노동자계급의 엄청난 희생 위에 성립한 것이었다. 노동자계급의 비참한 현실을 목도

한 엥겔스가 《영국에서의 노동자계급의 상태》를 저술하고, 맑스가 《자본론》을 써서 공산주의가 대두한 것은 어떤 의미에서 당연한 일이었다고 할 수 있다. 즉, 그만큼 부가 지주나 자본가들에게 편중되고, 노동자계급은 학대를 받아온 것이다.

자본주의의 근간에 있는 사고방식을 단순화해서 말한다면 다음과 같다. - 물건을 만들기 위해서는 돈(자본)과 공장을 세우기 위한 토지, 원재료 그리고 노동력이 필요하다. 그리고 거기서 만들어진 물건을 팔아서 얻은 이익은 우선 자본가와 지주가 대부분을 차지하고, 재료비를 뺀 나머지를 노동자들이 수취한다. 자본과 토지가 물건을 생산하는 데에 가장 귀중한 요인이 되기 때문이다.

그런데 과연 그러한가? 노동력과 원재료 없이 물건을 만드는 것은 불가능하다. 돈만으로는 아무것도 할 수 없고, 토지만으로 물건을 만드는 것도 불가능하다. 노동력과 원재료가 있어야 비로소 생산이 가능하다. 적어도 자본이나 토지만 특별 취급을 받아야 할 이유는 없는 것이다.

잘 알 것이다. 자본주의의 목적은 돈을 가진 부자들이 어떻게 돈을 벌 것인가 하는 것이다. 노동자는 그것을 위한 도구일 뿐이다. 필요하면 저임금으로 대량으로 고용하고, 필요하지 않으면 간단히 해고한다. 그와 같은 존재인 것이다. 자본가나 지주에게는 더 바랄 것이 없는 시스템이지만, 노동자에게는 대단히 불리한 시스템이다.

인간의 행복을 첫째 목표로 생각한다면 자본주의는 인구의 대부분을 차지하는 노동자계급에게는 싸늘하고, 한 줌밖에 안 되는 자본가와 지주 등 부자들에게는 따뜻한, 매우 편파적인 것이다.

앵글로색슨이 만들어낸 자본주의는 산업혁명의 진전과 더불어 세계 전역으로 확산되었다. 권력자나 부유층에 적합한 이.시스템은 널리 받아들여져 세계 표준의 경제시스템이 되어버렸다. 소련이나 동구 제국(諸國) 등 공산권이 붕괴함으로써 자본주의가 유일무이한 경제시스템이라고 생각하게 된 사람도 많을 것이다.

그러나 정말로 그러한가. 자본주의가 자본과 토지를 중시하고, 자유로운 시장에서의 경쟁을 내세우는 것은 강자와 약자를 명확히 분리하고 있다. 금융기술이 발달한 현대에는 그 경향이 한층 현저하여, 가진 자와 갖지 않은 자의 격차는 천문학적으로 되어가고 있다.

나아가서 가진 자들은 횡포를 일삼고, 자신들의 돈벌이를 극대화하기 위해서 경제의 카지노화를 추진하고 있다. 그 결과, 가난한 사람들은 더욱더 빈곤에 시달리고, 참다운 비즈니스가 이루어지지 않으며, 많은 사람들이 거리를 헤매고, 일반 사람들의 재산이 순식간에 사라져버리는 사태를 불러들인 것이다.

자원의 감소가 카지노경제에 박차를 가한다

경제의 카지노화는 이익 극대화를 추구하는 자본주의의 당연한 귀결이라고 할 수 있고, 카지노화의 속도에는 가속이 붙기 마런이다. 특히 1980년대 이후에 경제의 카지노화가 현저해지고 있다. 그런데 어째서 80년대에 카지노화가 진행되었는가. 그것은 경제를 뒷받침하고 있는 화석연료가 지질학적 한계에 도달한 것과 관계가 없지 않다.

그러나 이 점을 정확히 인식하고 있는 사람은 놀랄 만큼 적다. 많은 사람들이 기술의 진보로 더욱 효율적인 석유자원 활용법이 발견될 것이라든가, 새로운 에너지 자원이 제공될 것이라고 믿고 있다. 요컨대 석유자원의 감소를 중대한 문제로 생각하지 않는 것이다. 그 때문에 석유자원의 효율적인 활용 방법도, 새로운 대체에너지도 현실적으로 아직 제공되고 있지 않다는 사실에 눈을 돌리지 않는다.

많은 사람들이 인식하지 못하고 있지만, 석유자원의 감퇴도 카지노경제를 초래한 원인의 하나이다. 산유국이었던 미국은 1970년대에 피크오일을 맞이했다. 석유 산출량이 피크에 이르렀고 그로부터 산유량은 감소 일로를 걸어온 것이다.

화석연료 생산이 지질학적 한계에 이르게 되면, 에너지 가격은 올라간다. 그 결과 코스트(생산비)도 오르고, 생산적인 경제활동에서 나오는 이익이 줄어든다. 그 때문에 투자가들은 생산적인 경제활동을 위한 설비투자에 자금을 투입하기보다는 금융상품에 투자하여 이익을 얻고자 하는 것이다. 물건을 생산하여 판매하고 거기에서 이익을 얻는 게 아니라, 돈을 오른쪽에서 왼쪽으로 이동시킴으로써 이익을 얻는다. 그것은 바로 경제가 카지노장(場)으로 되는 것과 같다. 카지노경제는 순식간에 실체경제

보다도 크게 팽창하여 버블이 되고, 그것이 터질 때 실체경제에 큰 악영향을 미치게 되는 것이다.

경제가 이토록 이상하게 되는 이유는 단순하다. 사적인 이익을 추구하는 투자가들에 의해서 자본투자가 행해지기 때문이다. 바로 이 때문에 자유시장경제를 표방하면서 다른 나라들한테까지 그것을 밀어붙여온 미국의 경제가 가장 이상하게 되는 반면에, 중국과 같이 정치나 국가전략을 중시하여 투자가 행해지고 있는 나라 쪽은 카지노경제의 악영향을 그다지 받지 않는 것이다.

일본 경제가 이상하게 되어온 것은 바로 이 카지노경제가 실체경제를 집어삼켜왔기 때문이다. 카지노경제의 추진 주체는 구미(歐美)의 금융해적들이지만, 일본 경제가 오늘과 같은 상황을 맞이한 것은 일본 자신의 책임이다. 자민당·고이즈미 정권의 '구조개혁'이 상징하듯이 일본은 글로벌리즘을 적극적으로 받아들여왔다. 미국 추수(追隨) 정책을 계속해서 취해온 결과로 일본이 어떻게 되고 있는가는 현재의 실업률이나 빈부격차를 보면 명확해질 것이다.

일본은 미국과 나란히 개인의 이익추구를 존중하는 경제로 되고 말았다. 그와 같은 경제로는 안정된 사회가 될 수 없다. 오늘날 세계경제의 주류가 되어온 자유주의경제에서는, 각 개인이 자신의 이익을 일념으로 추구한 결과 '보이지 않는 손'에 의해 사회의 이익이 달성된다고 하지만, 현실을 보면 대부분의 국민은 곤궁을 면치 못하고 있다.

겨우 5일간의 환거래가 1년간의 무역액과 맞먹는 이상함

그런데 카지노경제가 어느 정도로 실체경제를 침식해버렸는가, 그 상황을 보자. 외국환, 금융파생상품, 주식시장, 대출제한에 대해서 검증해본다. 우선 외국환 문제.

세계에서 하루에 어느 만큼의 통화가 매매되고 있는지 알고 있는가. 2007년의 데이터로는 약 4.5조 달러, 1달러＝90엔으로 환산하면 약 405조 엔이다. 단 하루 동안의 수치이다. 1년간으로 바꿔서 계산하면 외국통화 거래액은 전세계 GDP 합계의 27배가 되고, 세계무역액의 86배나 된다. 보다 알기 쉽게 말하면, 1년간의 외국통화 거래액이 같은 기간 전세계에서 생산·소비된 제품이나 서비스의 총계의 27배나 되고, 마찬가지로 1년간 세계에서 무역으로 거래된 제품이나 서비스 합계액의 86배나 된다는 것이다.

또 세계무역(해외여행도 포함)에 필요한 금액은 외국환 거래 전체의 불과 1%에 지나지 않는다. 나머지 99%는 어떠한가. 말할 것도 없이, 엔(円)을 달러로 교환하여 두었다가 달러 가치가 오르면 그것을 팔아서 엔으로 바꾸면 환차익을 얻는다. 99%가 그런 돈벌이만을 위한 거래인 것이다. 이것을 '카지노화'라고 말하지 않으면 무엇이라고 하겠는가.

"환거래(換去來) 등은 옛날부터 행해져왔지 않은가, 그것을 지금 새삼 문제삼는 것인가"라고 말하는 사람이 있을지도 모른다. 그러나 이와 같은 도박 같은 거래가 행해지기 시작한 지는 그리 오래되지 않았다.

1971년 미국 닉슨 대통령은 '미 달러와 금(金)의 교환 정지'를 선언했다. 이른바 '닉슨독트린'이었다. 그때까지 각국 통화는 금과 교환되는 비율이 고정되어 있던 미 달러와 관계하고 있었기 때문에, 통화가치의 변동을 노려서 매매되는 일은 없었다. 그러나 이 닉슨독트린으로 사실상 금본위제가 폐지되고 변동환율제로 이행되었다. 환차익(換差益)을 노린 통화매매가 행해지게 된 것은 이때부터였다.

하루 동안의 외국통화 거래액은 과거 20년간 6배 이상 증가했다. 이 사실을 보면 환거래가 얼마나 급속히 팽창해왔는가를 알 수 있을 것이다.

일본 '엔(円)'에 한정해서 보면, 세계 외국환거래의 약 8%에 해당하는 금액이 하루에 매매되고 있다. 세계 전체의 거래액이 약 405조 엔이므로 1일간 약 32.4조 엔이 매매되고 있는 셈이다. 이건 어느 정도의 금액일까. 일본의 1년간 무역액은 약 157조 엔(2007년)이므로, 불과 5일분의 환거래액이 1년분의 무역액과 같다고 할 수 있다.

따라서 1년간의 외국환거래액은 일본의 1년간의 무역액의 약 75배에 달한다. 일본의 무역거래(제품이나 서비스의 매매)는 외국환거래의 2% 미만을 차지할 수 있을 뿐이다. 98% 이상은 무역에 필요한 외국환거래가 아니라 시세의 오르내림을 노리는 도박판에 들어가고 있음을 알 수 있다.

카지노경제를 상징하는 금융파생상품

금융파생상품은 카지노경제에서 큰 역할을 한다. 미국의 서브프라임 대출 파탄의 영향이 전세계로 미친 것도, 파생상품에 의해서 서브프라임 대출에 따른 리스크가 여기저기 흩어져 있었기 때문이다.

미국의 상업은행들이 보유하고 있는 금융파생품은 2001년 시점에서 약 42조 달러로 추산되고 있었다. 그런데 불과 6년 후 2007년에는 약 170조 달러까지 팽창해 있었다. 이것은 전세계 GDP 합계의 약 3배나 되는 금액이다.

그런데 대체 파생상품이란 무엇인가. 대표적인 것은 선물거래(先物去來)일 것이다. 선물거래라는 것은 상품 등을 미리 사전에 설정한 가격으로 파는 것이다. 이 행위 자체는 이미 기원전 2000년 바빌로니아에서도 행해졌다.

본래 선물거래의 목적은 수입의 흐름을 일정하게 유지하는 데 있다. 식량 생산자나 석유회사, 광물자원 채굴회사 등은 산출물을 미리 판매함으로써 안정된 수익을 확보하고, 수출입업자는 외국환을 사전에 매매하는 계약을 맺음으로써 통화가치 변동으로 인한 피해를 막을 수 있다. 국제무역에서는 그러한 사전 계약이 과거 몇십 년에 걸쳐서 행해져왔다.

이와 같은 무역에 수반된 선물거래는 리스크 경감을 위한 지혜라고 말할 수 있다. 그러나 현재는 무역이나 생산의 필요(needs)를 훨씬 초과하는 양의 선물거래가 이루어지고 있다. 더

구나 그 대부분은 가격 변화에 의한 불이익을 회피하기 위한 것도 아니고, 상품의 판매를 촉진하기 위한 것도 아니다. 단지 외국환이나 채권, 주식 가격의 변동을 이용한 도박으로서, 순전히 이익을 획득하기 위한 목적일 뿐이다. 그리하여 금융파생상품이라는 보다 복잡한 상품 거래가 고안되었고 도박의 대상이 된 것이다.

이러한 파생상품 거래를 주도해온 것은 헤지펀드 등 금융해적들이다. 그런데 파생상품의 범람은 실체경제에 어느 정도의 악영향을 주고 있을까.

뉴욕 주재 경제학자 마이클 허드슨은 다음과 같이 말하고 있다. 허드슨과 나는 종종 이메일로 의논을 하는 사이이다.

컴퓨터 프로그램을 통해서 세계 전역의 채권, 주식, 통화에 대해서 과거의 경험에 기초하여 정상가격 비율을 산출하고, 그것을 기준으로 도박을 행합니다. 그러나 이것은 경마와 같은 도박과는 다소 다릅니다. 경마의 경우, 도박이 승패를 좌우하는 게 아니지만, 옵션거래나 그에 관련된 금융투기는 금융제도 그 자체에 영향을 미칩니다. 그리하여 환율이나 주식가격을 왜곡하고, 큰 상흔을 남깁니다.

어느 정도나 실체경제에 상흔을 남기는가. 그 영향이 얼마나 심각한가를 알게 해준 것이 '롱텀캐피털매니지먼트(LTCM)'라는 헤지펀드의 파탄이었다. 지금에 와서는 질 낮은 농담 같은 얘기지만, LTCM에는 금융파생상품 거래를 위한 고도의 수학적 모델을 만들어냄으로써 노벨경제학상을 받은 스탠퍼드대학 교수 마이런 숄즈와 하버드대학 교수 로버트 머튼이 초빙되어 있었다.

헤지펀드의 큰 특징 중 하나는 대규모 거래이다. 헤지펀드는 사모(私募) 형식의 투자에 의한 공동출자로, 순자산 500만 달러 이상의 대규모 투자가 출자 조건이 되어 있다. LTCM의 경우는 최저 1,000만 달러의 출자가 요구되었다. 그 풍부한 재정 상황을 보고 은행은 거액의 융자를 해주기 때문에 헤지펀드는 한층 더 자금을 늘릴 수 있다. LTCM은 40억 달러 출자금을 원본으로 해서 수천억 달러나 되는 자금을 차입하였다. 1조 달러가 넘는 돈을 차입했다는 보도도 있다.

1998년, 많은 투기가들이 국제적인 금융위기는 최악의 상황을 벗어났다고 보고 있었다. 그래서 경영난을 겪고 있던 미국 기업의 사채(정크본드)와 미국채의 금리차가 줄어들 것이라는 전망이 일반적이었다. 실제로 98년 중반까지는 시장은 그와 같이 움직였다. 그러나 러시아 금융위기가 일어나고, 세계공황 위기가 재연되었다. 그러자 투기가들은 아시아나 중남미로부터 자금을 끌어당겨 미국채 쪽으로 유입시켰다. 정크본드와 미국채의 금리차가 줄어들 것이라는 예상이 역전된 것이다.

이것은 헤지펀드 중에서도 가장 레버리지가 높았던 LTCM을 직격하였다. 수십억 달러나 차입을 하여 투기한 LTCM의 자금은 순식간에 사라졌고, 날마다 엄청난 손실이 쌓였다. 은행은 예상이 빗나간 헤지펀드에 대해서, 보증금 적립을 늘리든가 '포지션'(증권·외환 등의 보유량)을 전부 매각할 것을 요구했다. LTCM

은 모든 계약을 매각하는 수밖에 없었다.

이에 외환시장이 혼란에 빠졌다. 많은 투기가와 은행이 엔(円)의 공매(空賣)에 나섰지만, LTCM의 계약 청산에 따라 '엔'을 사겠다는 주문이 급증하는 것을 보고, 자신들도 계약을 처분하기 위해서 엔화(円貨) 매입으로 내달렸다. 그 엔화 매입은 엔 가치를 하락에서 상승으로 급반전시켰다. 1998년 8월에는 1달러＝145엔이었지만, 불과 한달 만에 20%나 급등하여 9월에는 115엔까지 상승했다.

물론 이 엔화의 급등은 무역에 의한 게 아니었다. 일본에서도, 미국에서도 수출입 가격은 별로 변함이 없었다. 엔화 가치 변동의 원인은 전적으로 거액의 부채를 짊어지게 된 헤지펀드 그리고 거기에 막대한 자금을 융자했던 구미(歐美)와 일본의 은행에 있었다.

앞에서 말한 것과 같이, 선물거래 등 파생품은 원래 식량 생산자나 수출입 업자들을 가격이나 환율 변동으로부터 보호하기 위해서 생겼던 것이다. 그러나 헤지펀드가 그것을 투기의 수단으로 이용함으로써, 파생품은 환율이나 주식시장을 변동시키는 커다란 요인이 되었다. 물론 환율은 지금까지도 자본의 흐름에 좌우되어왔지만, 이토록 불안정한 상태가 된 적은 일찍이 없었다.

허드슨은 말한다.

더욱 많은 저축이 파생품으로 흘러들어가서, 그 거래의 승자(勝者)는 직접투자가가 지불할 수 없는 고액의 금리를 지불할 정도의 이익을 손에 넣게 됩니다. 그리고 투기거래에 의한 손실은 실체경제 및 그 생산 필요(needs)를 위한 융자를 감소시킴으로써, 결국 도박은 유형자본(有形資本)의 형성을 저해합니다. 금융투기는 시장의 유동성을 높이기는커녕 그것을 빼앗는 것입니다.

경제에 큰 영향을 미치면서도 파생품의 팽창은 중지되지 않았다. 그리하여 LTCM의 파탄이라는 교훈에도 불구하고, 서브프라임 대출로 인한 파탄이 세계경제에 대타격을 가한 것이다.

금융파생품은 단순한 도구에 불과하다. 실체경제 위에서 도박을 하기 위한 극히 복잡한 도구였다. 그러나 실체경제 그 자체보다 실체경제를 대상으로 건 돈이 몇배 이상으로 팽창할 때, 이 도박은 실체경제 그것을 간단히 붕괴시켜버릴 수 있다. 그리고 바로 그것이 현실에서 일어나고 있는 것이다.

주식거래의 99%는 도박이다

지금으로부터 약 10년 전, 일본의 증권거래소에서 거래된 주식 거래액은 일본 전체 GDP의 약 4분의 1 정도였다. 그로부터 10년간 일본의 GDP는 거의 증가하지 않았다. 그런데 주식 매매대금은 6배로 증가, GDP의 절반 이상이 되었다.

이것은 무엇을 의미할까?

증권거래소는 기업의 자금조달 시장으로서 큰 역할을 한다고 말해지고 있다. 기업은 주식을 발행하고, 그것을 투자가가 매입함으로써 기업활동을 위한 자금이 마련된다. 나도 한 사람의 기업 경영자로서 그 기능의 중요성을 부정할 생각은 없다. 그런데 주식시장에 대해서 언급할 때, 자금조달 시장으로서의 역할이 과연 얼마나 중시되고 있을까. 많은 사람들이 의식은 하면서도 말하지 않는 것이 있다. 그것은 주식시장이 도박장이 되고 있는 현실이다.

주식을 통한 기업의 자금조달액은 전체 주식거래의 겨우 1% 미만이다. 나머지 99% 이상은 이미 발행된 주식을 투기가·투자가가 주가(株價) 인상을 기대해서 매매하는 것이다. 신규 발행주와 달리 이것은 아무리 거래가 증가해도 기업의 자금 증가로 이어지지 않는다.

즉, 주식거래의 99%는 노름에서 이긴 사람이 벌고 진 사람이 잃는 도박판을 위해서 존재하는 것이다. 이것이 일본 경제에 얼마만큼 공헌하고 있을까. 경제효율이라는 관점에서 볼 때, 경제를 순환시키기 위한 기업 자금조달에 사용되는 것이 겨우 1% 미만의 거래라고 한다면, 이 방식은 쓸데없이 지나치게 많고 비효율적이라고 할 수 있다.

주식거래의 증가와 더불어 말해져온 것이 '주주 중시(重視)'이다. 기업의 주인은 주주이며, 주주의 이익을 최대한 중시하지 않으면 안된다는 사고방식이다. 그 때문에 기업이 일정 기간 영업활동을 한 결과를 요약한 손익계산서에서는 수지결산, 즉 세후(稅後)의 순이익이 모든 비즈니스 성적 중에서 가장 중요한 지표인 것처럼 이야기되어왔다. 순이익은 주주 배당액을 정하는 근거가 되고, 또 주가에 크게 영향을 미치는 것이기 때문이다.

이것은 미국식 사고방식이 침투해 들어온 탓이라고 말할 수 있다. 그러나 나는 "회사의 목적은 주주에게 돈벌이를 시켜주는 것"이라는 사고방식에 반대한다. 예전에 텔레비전에서 이와 같이 말하면 "그러한 주주 경시 발언은 비상장 기업이기 때문에 그렇다"라는 비판을 받았다. 그러나 불과 얼마 전까지의 일본에서는 상장기업에서도 나와 같은 사고방식이 이질적인 것이 아니었다. 일본의 다수 경영자는 주주 쪽이 아니라 고객과 종업원 쪽을 향해 있었던 것이다.

이익은 수입에서 지출을 뺀 것인데, 지출 중에는 사원들에게 지불하는 급여나 보너스가 포함되어 있다. 그런데 주주를 부유하게 만들어주기 위해서는 이익을 크게 만들지 않으면 안되기 때문에 지출 삭감이 필요해진다. 그리고 손쉬운 지출 삭감 방법은 급여의 삭감이나 구조조정이다. 따라서 미국 기업에서는 주주 이익을 위해서 급여 삭감이나 구조조정이 되풀이해서 행해지고 있다. 이것은 말을 바꾸면, 주주를 위해서 종업원을 희생시키는 것이며, 회사를 유지·성장시키기 위해서 일을 하고 생활의 양식을 얻는 사람들을 착취하는 것과 같다.

그것이 도덕적으로 옳은가 어떤가는 별도로 하고서라도, 그와 같은 방법은 회사를 피폐시킬 뿐이라고 나는 생각한다. 왜냐하면 회사의 성공과 번영을 위해서는 모든 사원이 열심히 일하는 것이 요구되고, 사원이 성실하고 근면하게 근무할 수 있는 조건을 만들기 위해서는 회사가 모든 사원을 공평하게 대우하고,

수익의 비율과 공헌도에 따라 금전적인 보답을 하는 것이 필요하기 때문이다.

주주 중시의 자본주의는 일본의 실업률 증가를 초래하고 있으며, 경제 규모까지도 축소시키고 있다. 이 악순환을 자본가는 의식하고 있지 않을까. 아니면 의식하면서도 자신만은 단기적 이익을 손에 넣을 수 있도록 주주 중시를 표방하는지도 모른다.

어느 쪽이든, 이 부조화는 언젠가 자본주의 붕괴의 원인이 될 위험성을 내포하고 있다. 주주만 번영을 누리고 노동자들이 곤궁에 시달리는 사회체제가 지속성을 가질 수는 없기 때문이다.

카지노경제화하는 일본

카지노경제가 암처럼 확산되는 것과 병행해서 미국에서는 연구개발과 제조업이 쇠퇴하고 산업 공동화(空洞化)가 진전되어왔다. 그 결과 무역적자와 재정적자가 증대되었다. 그것이 무엇을 가져다주었느냐 하면, 국민 대부분의 생활수준이 크게 저하한 반면에 한 줌밖에 안되는 부유층은 거액의 부를 독점하는 빈부격차의 확대 현상이다.

나아가 미국은, 일반 국민을 빈곤에 빠뜨리고 소수 인간을 부유하게 함으로써 자국의 경제와 사회를 파괴하는 데만 만족하지 않고, 다른 나라들한테도 규제완화와 민영화를 통한 경제의 카지노화를 강요해왔다. 미국에 의존하는 일본도 예외가 아니다.

일본에서 규제완화와 민영화가 표면화된 것은, 일본은행 제

22대 총재를 역임한 사사키 타다시(佐佐木直) 씨가 1983년에 발표한 〈세계국가에의 자각과 행동〉(통칭 '사사키 리포트')에서이다. 그 내용은 시장개방과 자유화, 관의 규제 · 지도 금지, 산업구조의 변혁을 요구하는 것이었다.

나아가 1986년에는 일본은행 제24대 총재인 마에카와 하루오(前川春雄) 씨가 중심이 되어 '마에카와 리포트'를 작성하여 규제완화와 자유화를 내세웠다. 경제학자 리처드 베르너는 《엔(円)의 지배자》에서 이 마에카와 리포트에 대해서 다음과 같이 말하고 있다.

'마에카와 리포트'는 마치 미국 쪽 통상대표가 일본에 대하여 요구하는 리스트 같은 것이었다. 리스트는 우선 행정개혁으로부터 시작했다. 기본적으로 규제와 인허가(認許可)를 중심으로 한 시스템으로부터 시장메커니즘에 기초한 '원칙적 자유, 예외적 제한'이라는 체제로 전환하자는 것이다. 또 수입의 증대, 시장 접근을 위한 개선, 거기에다가 '규제완화의 철저한 추진'을 목표로 잡았다. 요컨대 목표는 정치체제 그 자체의 변혁, 전시(戰時) 경제체제의 폐지, 미국식 자유시장경제의 도입이었다.

미국 쪽의 요망 사항을 번역했을 뿐인 사사키 · 마에카와 리포트는 이후 착실히 일본의 정책 속으로 침투해 들어왔다. 1996년 하시모토(橋本) 내각이 단행한 '금융빅뱅'에서의 금융 규제완화 및 자유화가 그 출발이었다. 그리고 2001년 4월 26일, 고이즈미 내각이 탄생하면서 경제재정 정책 담당 장관이자 금융담당 장관인 다케나카 헤이조(竹中平蔵)와 함께 사사키·마에카와 리포트가 그린 청사진을 실행에 옮겼던 것이다.

'금융빅뱅'에서 1998년 4월 1일부터 외국환에 대한 규제를 완화한다고 발표한 이래 2008년까지 일본의 은행예금 잔고는 84조 엔 증가했다. 다른 한편, 기업이나 개인에 대한 대부 잔고는 136조 엔 감소했다.

즉, 이 기간 동안의 예금 증가액과 대부 감소분 합계 220조 엔이 일본 경제로부터 유출된 것이다. 이것이 바로 1998년부터 일본 경제가 제로성장에 들어간 최대 원인이라고 나는 보고 있다. 은행의 대출 제한으로 시중의 자금공급이 가늘어졌고, 경제가 정체된 것이다.

카지노경제에서는 은행이 이와 같은 행동을 하는 것은 어떤 의미에서 당연하다고 할 수 있다. 은행은 다른 기업과 마찬가지로 가능한 한 많은 이익을 얻기 위한 시책을 자유로이 채택한다. 설령 그것이 일본 경제나 사회에 나쁜 영향을 끼치는 것일지라도 많은 이익을 손에 넣을 수 있다면 망설이지 않는다. 왜냐하면 카지노경제에서는 모두가 경쟁 상대가 되어 있기 때문이다.

예를 들어, 주식시장에서는 상장기업 모두가 경쟁 상대가 된다. 민간은행도, 그 밖의 상장기업도 다른 은행이나 기업보다 배당금이나 주가를 높이 유지하기 위해서 필사적이 된다. 만약 자사(自社)의 배당이나 주가가 투자가·투기가에게 매력을 주지 못한다면 주식은 매각되고 만다. 그렇게 되어 주가가 하락하면 매수의 대상이 되고, 경우에 따라선 도산 위기에 직면할지도 모른다.

실제로 미국의 대기업 CEO들 중의 80%는 증권분석가가 발표하는 4분기마다의 이익 예측에 맞춰서 시책을 변경한다고 답하고 있다. 상정대로의 이익이 기대될 수 없다면 연구개발비나 광고비, 그 밖의 보수비용을 삭감하거나 채용이나 신규 프로젝트를 동결하는 것이다.

일본이 미국의 카지노경제를 추수한다면 일본 기업이 미국 기업과 같은 행동을 취하는 것은 당연하다. 은행은 국내의 투자가나 투기가를 기쁘게 하기 위해서 많은 이익을 내어 주가를 올리고, 배당을 늘리려고 한다. 그 결과, 기업이나 개인에게 대출을 해주기보다는 국채를 사거나 '투기 머니(money)'에 대하여 대부를 계속해왔다. 그쪽이 보다 많은 이익을 확실히 획득할 수 있기 때문이다. 일본의 시장에서 끌어올린 220조 엔의 자금을 그쪽으로 향해왔던 것이다.

그게 카지노경제의 룰이다. 이 룰은 모든 시장 참가자에게 적용된다. 예를 들어, 탐욕스러운 투기활동이 흔히 화제가 되고 있지만, 연금기금 등 예금 자금을 운용하고 있는 담당자는 가장 높은 수익을 얻을 수 있도록 투자를 하지 않으면 안된다. 그렇게 하지 않으면 이 도박장에서는 패배자가 될 수밖에 없기 때문이다.

현재의 일본의 궁상은 미국을 숭배하는 정치가와 관료에 의한 규제완화·자유경제의 추진에 의해서 초래된 것이다. 글로벌리즘이라는 이름 밑에서 일본은 카지노경제로 돌진해온 것이다.

그 결과 일본사회에서는 무엇이 일어났는가. 사사키·마에카와 리포트 그리고 고이즈미·다케나카 개혁에 의한 구조변혁이 일본에 가져온 파괴의 양상을 살펴보자.

· 실업률은 50~60% 증가했다.
· 생활보호 세대는 13% 증가했다.
· 지니계수로는 소득 격차가 10% 이상 벌어졌다.
· 범죄는 19% 증가했다.
· 자살은 35% 증가했다.

이것이 카지노경제화한 일본의 현실이다.

돈은 누구의 것인가

미국 서브프라임 대출 파탄의 영향을 받고 일본의 정치가와 대기업 리더들은 '100년에 한 번의 경제위기'라는 말을 입에 달고 있다. 미국을 으뜸가는 시장으로 삼고 있는 일본 최대의 자동차 메이커도 적자에 빠졌고, 사업을 계속하기 위해서 인건비를 삭감하고 있다.

그러나 이것은 100년에 한 번의 경제위기 따위가 아니다. 정계와 관계 그리고 재계의 리더들이 만들어낸 불황이다. 그들이 일반 국민의 이익을 위해서가 아니라 대기업의 이익을 극대화하는 데에 초점을 맞춘 경제를 구축해왔기 때문이다. 일본 경제는 수출 대기업에 의존하고, 그 수출기업은 최대의 시장인 미국에 물건을 팔기 위해서 미국의 요구를 들어주려고 민영화나 파견노동을 포함한 갖가지 규제완화를 추진해왔다. 그 결과, 경기는 좋아도 일반 국민의 생활은 전혀 나아지지 않을 뿐만 아니라, 불황이 되면 더욱 국민에게 고통을 강요하는 사회가 되고 말았다.

그 최대의 원인은 카지노경제에 있다. 탐욕스러운 자만이 득을 보는 이 시스템을 개혁하지 않으면 안된다. 이 시스템의 근간에 있는 것이 자본주의이며, 자본주의에서 가장 중시되는 것이 바로 돈이다. 돈이 경제나 사회에서 돌고 있는 메커니즘을 혁파하지 않으면 안된다.

그러기 위해서는 돈이란 무엇인가, 돈은 누가 만들어내는가, 그리고 돈은 누구의 것인가 등등, 경제의 원점을 지금 한번 확인해둘 필요가 있다. 다음 장(章)에서는 우리가 일상적으로, 당연한 것으로 쓰고 있는 돈이 과연 어떠한 것인가, 그 메커니즘을 보고자 한다.

제2장

돈의 메커니즘
— 은행의 연금술

일반 국민이 은행제도나 화폐제도를 이해하고 있지 않은 것은 좋은 일이다. 그들이 만약 그것을 알게 된다면, 당장 내일 아침에 혁명이 일어날 것이다.

— 헨리 포드(포드자동차 창업자)

미국에서 일어나는 모든 혼란은 헌법이나 연방제도의 결함, 명예나 덕의 부재 때문이 아니다. 그것은 경화(硬貨), 크레디트, 통화의 본질에 대한 순전한 무지에서 기인하는 것이다.

— 존 애덤스(미합중국 제2대 대통령)

아는 것 같지만 모르는 '돈'의 미스터리

돈이란 무엇인가. 어디서 나오고, 누가 무슨 목적으로 만드는 것인가. 답은 간단할 것 같지만 실은 거기에 명확하게 답할 수 있는 사람은 별로 없다. 그만큼 돈은 그 친근함이나 중요성에도 불구하고 신비로운 존재라고 할 수 있다.

미국의 경우, 제공되는 화폐량을 감시하고 금리를 결정하는 것은 워싱턴에 있는 연방준비제도이사회(FRB)라는 곳이다. 이것은 같은 시기에 생산되는 자동차 대수보다 국가에 있어서는 더 중요한 문제임은 말할 것도 없다. 통화량과 금리는 정부기관이 행하는 다른 어떤 결정보다도 일반 기업에 중요한 영향을 미치기 때문이다.

그러나 이 결정에 국민이 참여하는 것은 아니다. 이것은 극히 유감스러운 일이다. 왜냐하면 이 결정은 국가가 전쟁을 하거나 혹은 어떤 외교정책을 취하는 것 이상으로 고용, 경기, 임금 등에서 국민에게 지대한 영향을 미치기 때문이다. 금리가 생활비에 얼마만큼 큰 영향을 미치는지 생각해보라.

장사를 해보면 잘 안다. 거의 모든 기업은 그 경영에 필요한 만큼 자금을 빌린다. 그러므로 금리의 상승은 운영 비용을 상승시킨다. 원재료를 취급하는 기업에서 제조업, 소매업에 이르기까지 모든 기업이 돈을 빌려서 이자를 지불한다고 생각하면, 비즈니스 전체에 걸쳐서 지불해야 할 금리는 방대한 금액이 된다. 따라서 소비자가 최종 제품을 구입할 때에 지불하는 대금에는 그렇게 피라미드처럼 쌓인 이자분(利子分)이 포함되어 있는 것이다.

이자는 비즈니스에 있어서 중요한 비용이지만, 그 이상의 것이기도 하다. 이자는 비즈니스 활동 수준을 결정하는 요인이기도 하기 때문이다.

금리에 따라서 새로이 공장을 짓거나, 신규 설비에 투자를 하거나, 새로이 재고를 늘리거나 하는 일들이 결정된다. 대개의 경우 기업은 그 투자를 통해 얻는 이익보다 이자를 포함한 경비가 낮을 때만 돈을 빌린다. 빌린 돈으로 비즈니스를 시작할 때에도 이자가 지나치게 높다고 생각하면 주저한다. 이자는 경제에 있어서 총지출의 비율에도 큰 영향을 미친다.

금리가 상승하고 기업이 투자를 하지 않으면 경제는 확대가 지체되고, 최악의 경우는 정지한다. 신규 공장 건설이 없어지고, 새로운 소매점포가 지어지지 않게 되면 건설업계가 불황에 빠진다. 그러면 건설업계의 노동자들이 실직하고, 또 자재를 제공하는 회사도 불경기를 맞는다. 이리하여 사회 전체의 경제 수준이 저하된다.

경제성장을 추동하는 중요한 요인은 효율화이다. 예를 들면, 노동자 1인당 생산량을 늘리는 것이다. 실제로 과거 250년간 노동자의 시간당 생산량이 계속하여 상승해왔기 때문에 현대인의 생활수준이 향상되었다고 할 수도 있다. 효율화에는 여러가지 요인이 있는데, 하나는 새로운 기계, 설비, 기기 등에 대한 투자 그리고 생산기술의 연마 등이다. 그러나 이러한 개선은 기업이 신규 공장을 세운다거나 혁신적 기술이나 기계를 도입하는 것에 비한다면 효율화에 주는 영향은 미미하다.

즉 설비투자나 최신 기술의 도입 등에 투자가 행해지지 않으면 두 가지 사태가 발생한다. 우선 기업의 생산량이 감소한다. 오늘의 생산량이 감소하면 내일의 이익이 감소하고, 노동자에게 돌아가는 이익도 감소한다. 그리고 그 결과 내일의 소비도 감퇴된다. 소비가 감퇴되면 기업의 수익이 악화되고, 나아가 설비투자도 감소하게 된다.

통화의 공급이나 금리에 관한 결정은 경제순환 전체에 결정을 내리는 것과 같다. 사람들이 지불하는 가격, 노동자의 소득, 경제적 번영은 통화공급과 금리에 크게 좌우되기 때문이다.

이자는 또한 소득의 이전을 뜻하는 것이기도 하다. 이자가 높아지면 돈을 빌린 사람은 빌려준 사람에게 많은 돈을 지불하지 않으면 안된다. 요컨대 이자를 지불하는 사람으로부터 이자를 받는 사람에게로 소득의 재분배가 행해지는 것이다.

고금리 시대와는 달리 현재와 같은 제로금리 시대에는 경기악화를 수반하기 쉬운 금리 상승은 인플레로 이어지지는 않을 것이다. 그러나 생산·소비의 악화로 실업률이 올라가고 경제가 정체된다. 이렇게 정부의 금리정책은 나라의 장래에 영향을 미치는 것이다.

이렇게 중요한 것을 민주주의국가의 국민이 관여하지 않고 '신비로운' 것으로만 알고 지낸다. 돈이라는 것에 대해서 사람들은 이처럼 무관심하다. 지금만 그런 게 아니라 통화제도가 형성된 시초부터 사람들은 관심을 가지지 않았다. 거기에 우선 가장 중요한 문제가 있다.

우리는 더 진지하게 돈, 화폐에 대해서 알아야 한다. 그리고 돈이 만들어지는 방식, 사용되는 방식에 관여하고 선택할 권리를 행사해야 한다. 그렇게 함으로써 빈발하는 경제적 혼란으로부터 벗어나서 안정된 사회를 만드는 데로 나아갈 수 있을 것이라고 나는 생각한다.

'통장의 돈'과 '지갑의 돈'

먼저, 돈이라는 것은 어떻게 만들어지는 것인가. 이 물음에 답하기 위하여 나는 어빙 피셔의 《100% 돈》을 참고하고자 한다.

어빙 피셔(1867-1947)는 미국의 저명한 경제학자이다. 피셔는 물가지수의 제창자로 유명하고, 금융경제학에서 큰 공적을 남겼다.

피셔가 《100% 돈》을 쓴 1930년대에 미국에서는 돈의 인출에 수표가 사용되고 있었다. 오늘날에는 인출 방식이 다양화되어 수표, 불입(통상은 전자적으로 은행계좌 사이에서 행해진다), 이체(전자적으로 계좌에서 돈을 이동시킨다) 등의 형태로 되어 있다.

일본에서도 미국이나 그 외 나라와 마찬가지로 대체로 현금이 아니라 불입, 이체, 수표 등으로 청구서를 지불하고 있다. 그리고 말할 것도 없지만, 사람이 지불을 위해서 불입이나 이체를 할 경우, 그 사람의 통장에 기재된 잔고가 은행에 존재한다고 당연히 생각한다.

우선 이 은행의 예금 잔고를 현금, 즉 지갑 속에 있는 지폐나 동전과 구별하기 위해 '통장 돈'이라고 부르기로 한다. 이에 대해서 또하나의 만질 수 있는 유형의 돈을 '지갑의 돈'이라고 부르자.

'지갑의 돈'은 실제로 눈으로 볼 수 있지만 '통장 돈'은 그렇지 않다. 사람들은 돈이라고 생각하고, 또 실제의 돈으로서 계좌 사이를 이동시키고 있지만, 그것은 실제로 돈이라고 사람들이 믿고, 요구에 응해서 언제라도 현금화할 수 있다고 생각하기 때문에 돈으로 성립한다.

'지갑의 돈'과 '통장의 돈'이 가진 또하나의 큰 차이는, 지갑 속의 돈은 무기명 돈으로서 물건을 매매할 때에 사람에서 사람으로 옮겨 간다. 그러나 통장의 돈은 타인의 손에 인도될 때에 수취인의 특별한 허가가 필요하다.

이러한 두 가지 돈의 차이에 대해서 어빙 피셔는 대공황 전, 1926년의 미국을 예로 들어 설명하고 있다.

1926년은 대공황 전을 상징하는 해다. 당시 미국인의 '통장 돈'(일본의 은행예금 계좌에 해당하는)의 총액은 추정치로 220억 달러였다. 다른 한편 은행계좌 이외의 돈인 '지갑의 돈'(사람들의 지갑이나 기업·상인의 금고에 보관되어 있는 물리적으로 만질 수 있는 돈)의 총액은 40억 달러 미만이었다고 한다. '통장 돈'과 '지갑의 돈'을 합한 것이 미국 국내의 통화 총액이며, 1926년 당시에는 260억 달러였다.

40억 달러가 실제로 사람들의 손에 건네지는 현금이고 그리고 220억 달러가 수표로 주고받는 금액이었지만, 많은 사람들은 통장의 돈도 실제의 돈으로 생각하고, 그 돈이 은행 금고에 들어 있다고 믿고 있었다.

물론 그것은 진실이 아니었다.

우리가 '은행에 맡겨둔 돈'이라고 부르는 신비스러운 '통장 돈'이라는 것은 대체 어떠한 것인가.

'통장 돈'은 예금자가 요구하면 언제든 내어줄 준비가 되어 있다고 은행이 약속하고 있는 것에 불과하다. 1926년의 '통장 돈'은 220억 달러였지만, 은행이 실제로 지폐나 동전으로 보유하고 있던 금액은 30억 달러 정도였다. 나머지 190억 달러는 돈 이외의 자산이었다. 돈 이외의 자산이란, 예를 들어 정부의 국채나 기업의 사채 등이다.

통상적인 경우라면(1926년에 그랬듯이) 은행에 30억 달러 정도 현금이 있으면 예금자가 예금을 현금화하고자 하더라도 충분히 응할 수 있는 금액이었다. 그러나 만약에 예금자 전원이 동시에 모든 예금을 현금화하기를 요구한다면 미국에는 220억 달러의 현금은 없었다. 그리고 당시 달러는 태환지폐여서 금과 교환할 수 있게 되어 있었다. 그러나 예금자가 동시에 요구한다면 세계에는 그에 응할 수 있는 정도의 금도 없었을 것이다.

대공황의 원인이 된 단순한 이유

1926년에서 1929년에 걸쳐 미국의 통화 총액은 조금씩 증가하여 약 260억 달러에서 270억 달러로 되었다. '통장 돈'이 230억 달러, '지갑 돈'이 40억 달러였다. 이어서 1929년부터 1933년에는 '통장 돈'이 150억 달러로 감소하고, '지갑 돈'은 50억 달러로 되어 통화 총액은 200억 달러가 되었다. 1929년의 270억 달러에서 70억 달러가 감소한 것이다. 260억 달러(1926년)에서 270억 달러(1929년)로 증가한 것은 인플레이며, 270억 달러(1929년)가 200억 달러(1933년)로 감소한 것은 디플레였다.

1926년 이후의 호경기와 불경기는 이들 숫자로 요약될 수 있다. '통장 돈'은 220억 달러(1926년), 230억(1929년), 150억(1933년)으로, 이에 대해서 '지갑 돈'은 40억(1926년), 40억(1929년), 50억(1933년)이었다.

1929년에 시작된 세계 대공황의 원인을 생각할 때, 중요한 것은 '통장 돈'이 230억 달러에서 150억 달러로 감소한 사실이다. '통장 돈'은 이를테면 국가 통화이며, 다양한 비즈니스 활동에 사용된다. 그것은 사람들이 공통하게 이용하는 간선도로처럼 국민 전체에게 필요한 돈이다. 그 가운데 80억 달러가 소멸되어버린 것이다.

미국의 '통장 돈' 80억 달러가 없어진 것은 '지갑 돈'이 10억 달러(40억이 50억으로) 증가한 데에 그 원인이 있다. 당시 미국의 은행은 8달러의 돈을 대출하는 데에 1달러의 준비금을 갖고 있지 않으면 안되었다. 즉 1달러의 예금이 있으면 8달러를 대출할 수 있었다. 거꾸로 말하면, 만약에 예금이 1달러 인출되면(준비금이 1달러 감소한다면) 8달러의 이미 대출된 금액을 되돌려 받지 않으면 안되었다.

1929년에서 1933년에 걸쳐 발생한 사태가 바로 그것이다. 미국 국민이 은행에서 10억 달러를 인출한 것이다. 은행은 이 현금을 준비하기 위해서 80억 달러에 상당하는 크레디트(신용대부)를 없애지 않으면 안되었다. 요컨대, 대출을 80억 달러 감소시키지 않으면 안되었다.

이 80억 달러의 예금이 없어졌다는 것 혹은 파괴되었다는 것을 대부분의 사람들은 이해하지 못했다. 언급조차 없었다.

만약 2만 3,000마일의 간선철도 가운데 8,000마일이 파괴되었다면 큰 뉴스가 되었을 것이다. 그러나 철도가 그 정도로 파괴되어도 국가의 간선도로인 통화 230억 달러 가운데 80억 달러가 파괴된 것에 비하면 그 영향은 작은 것이라고 말하지 않을 수 없다. 왜냐하면 국민이 자신의 돈이라고 생각하고 있던 '통장돈' 가운데 80억 달러가 파괴됨으로써 크레디트가 축소되어 대불황이 도래, 대량의 기업 도산, 노동자 실업이라는 두 개의 비극으로 파급되었기 때문이다.

미국 국민은 통화 230억 달러 가운에 80억 달러를 희생하도록 강요받았지만, 뒤에서 설명하는 '100% 돈'(100% 준비금을 마련한 제도)이라면 그럴 필요는 없었다. 그리고 만약 100% 돈이라면 대공황도 일어나지 않았을 것이다.

'통장 돈'이 파괴된 것은 불가피한 자연재해가 아니라 오로지

제도의 결함으로부터 온 것이다. 현재의 금융제도하에서는 은행은 대출을 통해서 얼마든지 '통장 돈'을 만들고 또 파괴할 수도 있다.

여기에 중대한 문제가 있다. 은행은 얼마 안되는 준비금을 마련해놓음으로써 막대한 금액을 대출할 수 있다. 그것은 '신용창조'라고 불리며, 자본주의사회에서 경제를 발전시키는 기본적인 틀이라고 경제학에서는 가르쳐왔다.

하지만 얼마 안되는 준비금으로 만들어지는 방대한 자금은 흔히 투기자금으로 흘러서 다양한 '거품'을 발생시켜서는 파열시키고, 그때마다 막대한 경제적·사회적·정치적 손해를 초래해왔다. 심하게 말하면, 금융해적들은 이 투기자금을 밑천으로 카지노경제를 주도해왔다. 경제의 성장 엔진이라고 사람들이 믿어왔던 신용창조 시스템이 금융과 경제 불안정화의 요인이 되기도 한다는 이 아이러니를 어떻게 이해할 것인가.

'무'에서 '유'를 창조하는 은행의 연금술

중세 유럽에서 연금술은 지식계급의 강한 관심을 모았다. 말할 것도 없이, 연금술이란 하찮은 금속을 귀금속, 특히 금으로 변화시키려는 것이다. 연금술에 의해 화학이 발달했다고도 할 수 있지만, 현대에 살고 있는 우리는 '무'에서 '유'를 만들어낼 수 없다는 것을 알고 있다. 그러나 실은 연금술은 현대에 존재하고 있다. 은행의 신용창조 시스템에 의해서 문자 그대로 무에서

유가 창조되는 것이다.

예를 들어, 내가 은행에서 1,000달러를 빌린다고 하자. 그러면 은행에 있는 나의 보통예금 계좌에 1,000달러의 예금이 추가된다. 빌린 1,000달러가 계좌에 불입된 것이다.

그러면 통장에 1,000달러라는 숫자가 기재됨으로써 은행에 1,000달러라는 새로운 돈이 불어나게 된 것이다. 은행이 펜과 잉크로(현재에는 컴퓨터 단말기에 입력함으로써) 나의 통장과 은행 장부에 새로이 돈을 만들어낸 것이다.

이 돈은 펜과 잉크(혹은 컴퓨터)에 의한 기록 이외에 전혀 실체가 없다. 아무 데도 없었던 것이 돌연히 존재하는 것으로 기록된 것이다. 그리고 나중에 내가 1,000달러를 은행에 반납하면 그 통화는 장부에서 사라진다. 이것이 통화의 소멸이다. 이렇게 생각하면 국가의 통화공급량이라는 것은 은행 대출이라는 행위에 의존하고 있다고 할 수 있다. 그리고 동시에 수많은 은행은 매우 무책임한 민간 조폐창이라고 할 수 있다.

문제는 은행이 대출하는 것이 실제의 돈이 아니라 자신이 갖고 있지도 않은 돈을 만들어준다는 점이다. 은행은 약소한 현금준비금을 근거로 거액의 신용이라는 역피라미드를 쌓아올린다. 그것이 '통장 돈'이며, 그 총액은 간단히 팽창도 하고 축소도 한다. 그와 같이 꼭대기가 무거운 시스템은 명백히 위험하다. 예금자에게도 은행에게도 수많은 일반 시민들에게도, 그것은 언제 붕괴될지 모르는 사상누각인 것이다.

지금 내가 말한 것은 경제학 교과서에서는 '신용창조'라는 말로 설명되어 있다. 경제학 교과서에서 말하고 있는 것은 다음과 같은 예시이다.

어떤 사람이 은행에 100만 원을 예금하였다. 은행은 예치된 돈을 대출하는데, 예금자가 예금 인출을 원할 때를 대비해서 어느 정도의 돈은 남겨두지 않으면 안된다. 그 비율을 결정하는 것이 법정준비율이다. 이 법정준비율이 가령 10%라고 한다면, 10만 원을 남겨놓고 나머지 90만 원을 대출한다.

은행은 90만 원을 A에게 대출하고, A의 계좌에 90만 원을 불입(컴퓨터 단말기를 두드려 90만 원이라고 기입)한다. 은행은 90만 원의 예금 가운데 10%인 9만 원을 남겨놓고, 81만 원을 B에게 대출하고, B의 계좌에 81만 원을 불입한다. 그리고 또 81만 원의 예금의 90%에 해당하는 72만 9,000원을 대출로 돌린다…. 이런 식으로 되풀이하면 대략 1,000만 원의 '통장 돈'을 만들어내는 게 가능해진다는 계산이 나온다.

경제학의 신용창조에서는 은행이 예금과 대출을 연쇄적으로 반복함으로써 통화가 증가하고 경제의 발전적 순환으로 이어진다고 설명한다. 이 방식에 그러한 효과가 있는 것은 틀림없다. 그러나 세계 대공황의 예에서 볼 수 있듯이, 그 방식은 통화공급을 확대할 수도 있지만 동시에 축소시킬 수도 있어서 경제에 큰 타격을 줄 위험성도 있다는 것을 교과서는 가르치지 않고, 대부분의 경제학자도 그것을 지적하지 않는다.

신용창조라고 하면 듣기에는 좋지만, 은행에 들어온 현금은 최초의 100만 원뿐이고, 증가하는 예금 잔고는 은행이 통장과 장부에 기재한 것일 뿐이다. 은행은 100만 원 현금에서 1,000만 원을 만들어낸 것이다. 즉 은행은 민간기업이면서 돈을 만들어내는 것이다. 그리고 무에서 생겨난 돈에 이자를 붙여서 빌려주는 것이다.

예금은 근대의 은행권(현금)과 같다. 그러나 은행권은 실제로 인쇄되어 나오며, 없앨 때는 소각하지 않으면 안된다. 그런데 예금은 눈에 보이지 않게 만들어지고 없어지기도 한다. 만약에 80억 달러 지폐가 1929년에서 1933년 사이에 소각되었다면 미국인들은 그 사실을 보지 않을 수 없었을 것이다. 그렇지만 실제의 돈이 소실된 것은 예금 장부상에서 은밀히 행해져 일반 시민들이 느낄 수가 없었다.

신용창조라는 시스템 혹은 '통장 돈'이라는 것은 주로 대출의 기초이며, 처음에는 몇몇 나라에서만 행해졌지만 지금은 전세계에서 행해지고 있다. 그 결과, '통장 돈'의 증감이 호경기나 불경기에 미치는 영향은 전례 없이 큰 것이 되었고, 세계적으로 비참한 것이 될 가능성이 있다. 이 시스템을 변경하지 않는 한, 그것은 측량할 수 없는 위협을 우리에게 가져다줄 것이다.

통화 지배의 역사

지금은 신용창조라는 대단한 이름이 붙여졌지만, 어째서 민간기업인 은행이 화폐창조 기능을 갖도록 허용되었을까. 거기에는 경제학 교과서에서는 말하지 않는 피비린내 나는 역사가 있다.

아직 돈이 없던 자급자족의 원시적 생활을 보내고 있을 무렵의 경제적 영위는 물물교환으로 성립했다. 아마도 해변 사람들이 잡은 물고기나 조개와 산(山)에 살던 사람들이 잡은 짐승고기를 교환하는 등 교역이 행해졌을 것이다. 그런데 물물교환은 쌍방이 교환하는 내용에 납득을 하지 않으면 거래가 성립하지 않는다. 예를 들어, 어느 날 짐승 한 마리와 물고기 다섯 마리가 교환되었다. 그런데 이튿날은 물고기가 잡히지 않아서 세 마리밖에 잡지 못했다고 하면, 바로 전날에는 다섯 마리였기 때문에 산(山) 쪽 사람이 납득하지 않을 것이다.

이러한 불편함을 해소하기 위해서 발명된 것이 '돈'이다. 여러가지 물건의 교환수단이 된 돈으로는 당초 쌀이나 밀 등 생활필수품이 사용되었다. 그러나 쌀이나 밀 등은 시간의 경과에 따라 질이 떨어진다는 문제가 있었다. 그래서 등장한 것이 조개화폐이다. 아름다운 조개는 희소성도 있고, 액세서리로서의 인기도 있었기 때문에 교환 매개로서는 안성맞춤이었다. 다만 조개 자체에는 특별한 가치가 없다. 사람들은 조개화폐 하나에 대해서 물고기 세 마리라는 식으로 신용을 부여했다.

다음에 등장한 것이 귀금속화폐이다. 금이나 은 등 귀금속도 희소성이 높고 또한 품질이 오래 변하지 않는다. 이윽고 귀금속화폐가 주조되고, 이른바 경화(硬貨)가 되었다. 지금도 사용되는 경화의 원형이다. 주조화폐는 무게나 귀금속의 순도가 일정한 것임이 보증되고, 유통 경제의 중심적 역할을 하게 되었다.

그런데 지폐가 탄생한 것은 언제일까. 10세기의 중국, 송(宋) 왕조 시대에 세계 최초의 지폐가 발행되었다. 《엔(円)의 지배자》 를 쓴 리처드 베르너에 의하면, 송나라 황제가 통화의 공급을 직접 지배했다고 한다.

이 진전된 통화시스템에서는 통화에 대해서 의문의 여지가 없었다. 황제가 발행하여 옥쇄를 찍어 누른 지폐만이 통화였다. 황제가 중앙은행이었다. 그 외에는 일절 화폐 창조를 인정하지 않았다. 위반하면 사형이었다.

— 《엔(円)의 지배자》

왕이 통화의 발행을 지배한다는 것은 이해하기 쉽다. 최대 권력자가 전권을 장악, 지폐를 증쇄하여 통화공급을 늘리거나 혹은 지폐를 거두어들여 공급량을 축소시킴으로써 경기를 자유로이 조절할 수 있었다.

그러나 유럽에서는 이와 같은 단순명쾌하게 이해하기 쉬운 도식은 성립하지 않았다. 지배자는 주조 금화의 원료가 되는 금을 찾았지만, 통화의 의미와 성질을 이해한 것은 아니었다. 그 때문에 위정자가 통화를 통제하는 일은 없었다. 그러면 누가 통제했던가.

그것은 금세공사였다. 금이나 은을 주조하여 국왕의 인장(印章)을 눌러서 금화나 은화를 만드는 역할을 담당했던 금세공사가 통화를 통제하는 권력을 손에 쥐고 있었다. 그리고 그들은 현재에 이르는 은행의 기초를 쌓았던 것이다.

금세공사(金細工師)의 교묘한 화폐창조 수법

유럽에서 은행이 탄생한 것은 로마시대에까지 거슬러 올라가
지만, 영국에서 화폐가 탄생한 것은 17세기 후반이다. 1640년경
까지 부유한 상인들은 잉여의 현금(금이나 은)을 런던탑에 보관
하였다. 그런데 찰스 1세가 스코틀랜드에 대항하기 위해 소집한
병사들에게 지불할 급료를 충당하기 위해서 그 금괴들을 압류하
였고, 상인들은 런던탑을 대신할 안전한 보관처를 찾았다.

그것을 제공한 것이 롬바드스트리트의 금세공사들이었다. 금
세공사들은 튼튼한 금고를 가지고 있었기 때문이다. 금세공사는
금을 예치하면 보관하고 그 보관증을 건네주었다. 그것이 '골드
스미스노트'라는 이름의 은행권의 전신(前身)이었다.

그렇게 하여 많은 상인들과 지주들이 금세공사의 금고를 이용
하게 되었고, 그러자 사람들은 보관증의 이용가치가 높다는 것
을 느꼈다. 결제를 위해 금은을 인출하여 지불하더라도 그것을
받은 자는 또 금세공사에게 맡기게 되는 것이었다. 그렇다면 금
은은 움직이지 말고 보관증만 주고받으면 되지 않겠는가. 그렇
게 하여 보관증이 결제 수단 지폐로서 유통되게 된 것이다.

나아가서 금세공사는 예치된 금은을 유효하게 이용하는 방법
을 생각했다. 상거래의 결제는 보관증의 주고받음으로 이루어지

기 때문에 금고 속에는 금은이 잠들어 있다. 그 금은을 빌려주는 것이다. 그리고 대출한 금은에 대해서 이자를 취한다.

그런데 생각해보면 이것은 사기나 다름없는 행위이다. 금은을 맡겨둔 상인이나 지주는 자신의 금은이 금고 속에 안전하게 들어있다고 생각하고 있다. 그런데 실제로는 타인에게 대출되어 금고에는 맡겨둔 금은이 없다. 금세공사는 결국 타인의 금을 빌려주고 이자를 취하고 있는 것이다.

그것만으로 끝나는 게 아니다. 돈을 빌린 자도 금은을 갖고 다니는 것은 번거로운 일이어서 빌린 금은을 금세공사에게 맡기고 보관증을 발행받았다. 보관증은 결제 수단으로서 신용을 얻고 있었기 때문에 실제 금은이 아니더라도 금세공사의 보관증으로 충분했던 것이다.

금고 속에 있는 금은이 움직이지 않는다면, 대출하는 돈은 보관돼 있는 금은의 양에 제약될 필요가 없다. 보관증을 인쇄해서 건네주기만 하면 되는 것이다. 그리하여 금세공사는 금고에 들어있는 금은 이상의 보관증을 박아서 대출하게 되었다. 단적으로 말하면, 금세공사는 보관증이라는 지폐를 인쇄하여 만들어낸 것이다.

금은을 맡기는 상인도, 돈을 빌려 보관증을 발행받는 사람도 언제라도 금세공사에게 보관증을 제시하면 실제의 금은을 인출할 수 있다고 믿는 동안에는 이 시스템은 잘 돌아간다. 그러나 모두가 일제히 금은을 인출하려고 하면 그 순간 파산한다. 보관증에 표시된 만큼의 금은이 존재하지 않기 때문이다.

수중에 금은이 떨어져서 인출에 응할 금은이 없을 경우 금세공사들은 자기들끼리 융통을 했다. 여유가 있는 금세공사가 어려움을 겪고 있는 금세공사에게 일시적으로 금은을 대여해서 위급함을 모면하게 한 것이다. 이윽고 금세공사는 금화나 은화를 주조하는 일을 방기하기 시작했다. 금화나 은화를 만들기보다도 더 간단하고 확실하게 돈을 버는 방법, 즉 갖고 있는 금은 이상의 보관증(지폐)을 인쇄하여 대출한다는 술책을 발견했기 때문이다. 여기서 은행이 탄생한다.

은행이 지폐를 발행한다(보관증을 대출한다)는 것은 금은 이상의 돈을 만드는 것, 즉 화폐의 공급량을 증가시키는 것을 뜻한다. 그것이 구매력을 증가시켜 경기를 자극하고 산업이 발전하는 토대를 만드는 것은 틀림없다. 하지만 그것은 중앙권력이 아닌 민간의 상인에게 통화 발행권을 넘겨주어 그들이 자유로이 돈을 창조하는 이권을 갖게 하는 것이다. 그리고 금세공사가 짜낸 사기나 다름없는 비즈니스, 즉 갖고 있지도 않은 금은을 기초로 보관증(지폐)을 인쇄, 대출하여 그 이자를 취하는 행위는 나중에 '신용창조'라는 이름이 붙여져, 경제학의 기초 중의 기초가 되었다.

불가사의하게도, 민간의 금융기관이 돈을 만들어내는 것에 대하여 누구도 의문을 품지 않았다. 아니, 몇몇 권력자는 그 모순을 느끼고 화폐에 대한 통제권이 위정자가 아닌 자에게 장악되는 사태의 위험성을 인식했지만, 그러한 위구(危懼)는 교묘하게 분쇄되었다. 그것에 관해서는 뒤에서 설명하겠지만, 원래 은행에 화폐 통제권을 헌상(獻上)한 것은 근세 유럽의 절대군주들이었다. 그들은 은행이 행하는 사기술책을 꿰뚫어 보지 못했다.

돌이켜 볼 때, 중국 송나라처럼 군주 스스로가 통화를 창조하여 신하들에게 배포했더라면 좋았을 것이다. 실제로 당연히 그렇게 할 수도 있었다. 그러나 군주들은 국민에게 부과되는 조세를 올리지 않으면 은행에서 돈을 빌리곤 했다. 은행은 많은 사람들에게 돈을 빌려줄 정도로 막대한 자금을 갖고 있다고 생각했기 때문이다. 무에서 유를 만들어내는 메커니즘에 대해서는 티끌만큼도 인식이 없었다….

금세공사가 얼마나 뛰어난 사기술책을 고안했는지를 좀더 상세히 알고자 한다면 인터넷에서 '지구플러스5%'를 검색해보면 된다. 즉시 오스트레일리아의 래리 하니건이 쓴 〈지구플러스5%〉라는 우화가 나타날 것이다. 하니건은 파비언이라는 금세공사를 주인공으로 등장시켜, 그가 금세공사에서 대금업자가 되고, 그리고 무에서 유를 만들어내는 방법을 발견하는 과정을 알기 쉽게 이야기하고 있다.

잉글랜드은행의 사기

잉글랜드 국왕 윌리엄 3세(오렌지공 윌리엄)가 벌였던 전쟁(1688-1697)에서 금은을 탕진한 영국에는 빚이 남았다. 그 결과 화폐 공급량은 줄고, 경제 활성화가 필요했다. 그 딜레마를 해결하기 위해 만들어진 것이 오늘날의 중앙은행의 원형이라고 말해지는 '잉글랜드은행'이었다.

스코틀랜드 사람인 윌리엄 패터슨은 "민간에서 120만 파운드의 자금을 모아서 8%의 이자로 국가에 대부한다"는 계획을 제안했다. 그것과 맞바꿔 "주식회사 잉글랜드은행을 설립하고, 자금과 같은 액수인 120만 파운드까지 은행권(지폐)을 발행해도 좋다"는 국왕의 허가를 얻었다. 동시에 잉글랜드은행은 정부의 재정 관리도 맡아 국채시장을 정비한다.

영국은 1815년, 오래 계속된 프랑스와의 전쟁에서 승리했다. 잉글랜드은행은 '발권은행'과 '정부 은행'이라는 두 가지 기능을 손에 넣어 영국의 승리에 공헌하였다. 그리하여 잉글랜드은행권은 1844년에 법화(法貨)로 인정되고, 잉글랜드은행은 중앙은행으로서의 지위를 굳히게 되었다.

잉글랜드은행 설립을 추진했던 패터슨의 제안은 실로 교묘한 것이었다. 국왕에게 자금을 제공함으로써 특별한 권력을 갖게 되어, 다른 은행에 대해서도 커다란 영향력을 행사하게 되었다. 이것은 금세공사가 만들었던 시스템과 동일한 것이었다.

잉글랜드은행의 주주에 의회 의원들이 적지 않았던 것은 놀랄 일이 아니다. 대금업자는 의원 친구들에게 보답하는 일을 잊지 않았던 것이다.

처음 국내에 유통되기 시작한 잉글랜드은행의 은행권은 실제로는 가짜 돈이었다. 그것은 실재하지 않는 돈이며, 국민이 이 은행권을 받은 것은 그것이 금괴와 같은 것이라고 상정했기 때문이다. 은행은 금세공사와 마찬가지로 일부 은행권밖에는 동시에 현금화할 수 없다는 것을 알면서 국민을 속였다. 사기로 시작된 것이 합법화된 셈이다. 잉글랜드은행에서는 나날의 통화 수요를 잘 맞추지 못해서 정기적으로 예금 인출 소동이 일어났다.

이리하여 1725년에 현대 금융제도의 기본이 영국에서 확립되었다. 그 결과, 갈수록 은행에 있는 준비금은 은행권의 극히 일부에 지나지 않게 되었다.

영국에서는 1750년까지 12개 은행이 런던 바깥에 세워졌는데, 그 수는 1776년에는 150개가 되었다. 1810년에는 721개로 불어났다. 이들은 지방은행이라고 불렸고, 금이 아니라 잉글랜드은행의 은행권을 준비금으로서 갖추고 있었다. 즉 기본적으로 누구라도 은행을 만들 수 있게 되었다. 이것은 다른 종이(紙)화폐로써 뒷받침되는 종이화폐의 고전적인 예이다.

중앙은행은 정부의 금융기관인가

아마도 많은 독자들은 지폐를 발행하는 것은 각국 중앙은행이라고 생각할 것이다. 그 인식은 틀린 것은 아니다. 실제로 일본의 지폐에는 '일본은행권'이라고 인쇄되어 있고, 미국달러에는 '연방준비권(Federal Reserve Note)'이라고 쓰여있다. 일본의 중앙은행인 일본은행이 '엔'을, 미국의 중앙은행인 연방준비제도가 '달러'를 인쇄하고 있다.

그런데 거의 모든 나라에서 중앙은행이 창조하는 지폐는 통화공급량의 10%도 되지 않는다. 90%의 통화는 일반 은행이 'A

회사에 100만 원 대출'이라고 장부에 기재하거나 컴퓨터에 입력함으로써 만들어진 것이다.

통화를 발행하는 기관은 중앙은행뿐이라는 오해와 마찬가지로, 많은 독자들은 이렇게 생각하고 있을 것이 틀림없다 — 중앙은행은 통화를 발행하는 권한을 갖고 있기 때문에 정부의 한 기관, 혹은 정부의 통제하에 당연히 있을 것이다, 일본은행 총재도, 미국 FRB 의장도 정부에 의해 임명되고, 의회가 승인하고 있는 것은 그 때문이 아닌가라고.

이러한 인식도 일부는 옳지만, 일부는 오해이다. 중앙은행이 정부와 밀접한 관계를 갖고 있는 것은 틀림없다. 하지만 중앙은행은 정부기관은 아니다. 거의 모든 나라에서 중앙은행의 소유주(즉 주주)는 민간은행이다. 혹은 그 역사적인 설립 경위를 보면 민간은행으로서 출발하였다.

잉글랜드은행도 당초에는 주식회사로서 완전히 민간의 금융기관이었다. 말하자면 민간 금융기관이 정부로부터 지폐의 발행과 물가, 환(換)의 안정을 위한 업무를 위탁받았던 것이다. 그후, 1946년에 노동당 정권에 의해 잉글랜드은행은 국유화되었다. 그런데 블레어 정권은 '금융개혁'의 이름으로 잉글랜드은행에 금융정책 운영상의 독립성을 부여하였다. 그리하여 그 입장은 매우 애매한 것이 되었지만, 요지는 정부로부터 독립된 존재가 되었다는 것이다. 요컨대 정부의 통제하에 있지 않게 된 것이다.

그런데 세계에서 가장 큰 영향력을 가진 미국 중앙은행은 어떠한가. 다 알다시피 미국 중앙은행은 연방준비제도라고 불린다.

연방준비제도(Federal Reserve System)는 미국 중앙은행제도를 관장하는 기업체이다. 연방준비제도이사회(FRB)가 통괄하지만, 조직의 실체는 미국 주요 도시에 산재해 있는 12개의 연방준비 은행의 집합체이다.

이 연방준비은행은 누구의 것인가. 연방준비은행 중에서 최대의 존재인 뉴욕연방준비은행의 주주는 로스차일드은행(런던), 로스차일드은행(베를린), 워바그은행(암스테르담) 등 국제 금융자 본가들이다. 미국정부는 단 1주도 주식을 갖고 있지 않다.

'퍼스트내셔널은행'의 은행장을 지냈고, 미국 하원의원이기도 했던 루이스 맥파든은 연방준비제도에 대해서 다음과 같이 말했다.

연방준비은행이 합중국의 정부기관이라고 생각하는 사람들이 있지만, 이들은 정부기관이 아니다. 스스로의 이익과 외국 고객의 이익을 위해서 합중국 국민을 먹이로 삼는 사적(私的) 신용 독점 기업체이다. 연방준비은행은 외국 중앙은행의 대리인이다. 헨리 포드는 "이들 금융업자들의 목적은 소멸 불가능한 채무를 창조함으로써 세계를 지배하는 것이다"라고 말했다. 연방준비제도 이사회가 오만한 신용 독점에 의해서 합중국 정부를 강탈해왔다는 것이 진실이다.

중앙은행의 역할은 통화(지폐)의 발행, 통화가치의 안정, 물가의 안정, 국채 등의 매매를 통한 국가에의 자금 공급 등이라고 말해지지만, 실제로는 이들은 사후에 이론화된 것에 불과하다. 무에서 유를 만들어내는 신용창조라는 술책을 손에 넣은 은행이 중앙은행을 필요로 하는 진정한 이유는 무엇인가. 리처드 베르너는 다음과 같이 말한다.

　통화를 창조하는 힘이 있기 때문에 은행은 특별한 존재이며, 이미 존재하는 구매력을 재분배할 뿐인 주식시장이나 채권시장과는 전혀 다르다. 동시에 그 때문에 은행 쪽이 위험한 존재이기도 하다. 결국, 은행은 속임수 위에 성립하고 있다. 예탁된 통화를 정확히 보관한다는 은행의 약속은 지켜지지 않는다. 따라서 은행은 필요할 때에 개입하여 현금을 인쇄해서 나눠 주는 중앙은행을 원했던 것이다.

― 《엔(円)의 지배자》

　도깨비방망이처럼 한번 휘두름으로써(컴퓨터에 숫자를 입력함으로써) 돈을 불쑥불쑥 만들어내는 연금술을 손에 넣은 은행은, 중앙은행을 가짐으로써 정부의 보증을 얻고, 동시에 예금 이상의 돈을 대출함으로써 위기에 빠질 경우 합법적으로 지폐를 인쇄하여 자신에게 도움을 줄 존재를 획득하려 한 것이다. 그것이 중앙은행의 진짜 역할이다.

은행과 중앙은행의 실태

돈을 창출하는 민간은행과 금융정책에 대하여 실질적인 최고 권력을 장악하고 있는 중앙은행의 참된 모습에 대해서는 여러가지 책에 기록되어 있다. 아래에 소개하는 것은 라이트 패트먼이 쓴 《화폐입문(A Primer on Money)》의 서문을 발췌한 것이다. 1964년에 나온 책이지만 화폐 및 은행 개혁을 제창하는 많은 사람들이 이 내용을 인용할 만큼 우수한 책이다. 이것을 저술했을 때 패트먼은 미국 하원 은행통화위원회(Committee on Banking and Currency of the US House of Representatives) 위원장이었다.

돈에 대해서 물어보면, 거의 모든 사람이 '부족하다'라고 답한다. 그것은 매우 유감스럽다.

돈은 만들어진 것이다. 경제에 제공되는 돈은 돈을 만드는 사람들에 의해 결정된다. 통상 화폐공급이라고 불리는 이것은 비즈니스 활동, 소득, 가격, 경제성장 등을 결정하는 가장 중요한 요인의 하나이다.

현재의 미국 헌법에서는 돈을 만드는 권리는 미국의회에 있다.

그런데도 의회는 그 권리, 돈을 만드는 힘을 은행에 맡기고 있다. 그 은행제도는 연방준비제도와 민간상업은행으로 구성되어 있다. 이들이 돈, 즉 화폐와 통장 돈을 만들고 있다. 다른 금융기관은 이 돈을 만드는 기능도, 힘도 갖고 있지 않다.

돈을 만드는 사람은 굉장한 힘을 갖고 있다. 그것을 적절히 행사하면 국민의 이익을 위해 쓸 수 있지만, 그러한 힘을 남용한다면 국가의 안녕을 해친다. 실제로 지금 이 힘이 남용되고 있기 때문에 개혁이 요구되는 것이다.

돈을 만드는 힘이야말로 상업은행제도의 중심이다. 은행의 이익은 은행이 만들어낸 돈의 투자와 대부에 의존하고 있다. 은행은 자신들의 이익의 근원인 돈을 만드는 특권을 부여받고 있다. 왜냐하면 은행은 중요한 경제기능을 수행하고 있기 때문이다. 은행은 경제가 번영하고 성장하기 위해 필요한 돈을 제공하고 있다. 이 돈은 무제한적인 것이 아니다. 은행은 누군가에게 얼마를 배분할 것인지를 결정할 필요가 있다. 이것이 은행제도가 하는 것이다. 은행의 수익은 돈을 현명하게 적절한 장소에 배치하는 것에 대한 보답이다.

개개의 은행은 각자의 영업지역에 봉사하는 것이 제일의 목적이다. 은행이 만든 돈으로 그 지역의 공공의 이익이 충족된다면 지역공동체의 진화에 공헌한다. 그러나 은행은 이 주요 목적을 게을리해왔다. 지역 기업이나 농가의 이익을 위해서 대부하는 것이 아니라, 간단히 돈을 벌 수 있다면 장기 국채나 사채를 사는 일을 해왔다. 은행가는 자신의 의무를 잊어버리고, 다른 사람들과 마찬가지로 자기이익만을 추구하고 근시안적으로 단기적인 은행 수익의 증가만을 목표로 해왔다. 이러한 은행은 더이상 공공의 이익을 위해서 운영된다고 말할 수 없다.

원래 은행의 경영자가 되기 위해서는 자격이 필요했다. 경영자는 그 은행이 있는 지역에 거주하는 자로서, 지역을 위해 봉사하도록 요구되었다. 그러나 근년에 이 법률은 개정되었다. 지금은 지역에 거주하는 경영자 수는 한정되어 있다. 다른 주(州)에 거주하고 있는 경영자도 있는 형편이다. 이것은 중요한 문제이다. 그 지역에서 운영되고, 소유되고 있는 은행은 그 지역을 위해 존재해야 하며, 은행이 부재 소유주에 의해 남용되어서는 안된다.

은행이 스스로 돈을 만들고 그 돈으로 막대한 이익을 취하는 것을 허용할 것인가 어쩔 것인가 하는 문제가 제기되고 있다. 물론 이익을 취하는 것은 좋다. 상업은행은 경제를 위해 중요한 역할을 하고 있다. 바로 그렇기 때문에 평시에도 전시에도 은행은 나라를 위해서 기능해야 한다. 필요한 개혁은 은행이 이익을 내되, 국민의 이익을 위해서 봉사해야 한다는 것이다. 나라는 은행을 필요로 하고, 효율적인 은행제도를 요구한다. 또 은행은 봉사에 대한 대가로 적절한 이익을 얻어야 한다.

연방준비제도는 돈의 창출 과정을 지도하는 통제 조직이다. 이 시스템은 의회에 의해 만들어졌다. 통화공급의 궁극적 지배자인 연방준비이사회는 강대한 힘을 갖는다. 그것이 비즈니스에 미치는 영향은 매우 크다. 사실 경제의 활성화와 침체를 가져오는 주된 요인은 화폐 공급이라고 설명하는 경제학자들도 있다.

의회가 만든 연방준비제도는 실제로는 국가정책으로부터 독립된 단체이다. 행정기구에 대해서도 마찬가지다. 연방준비제도는 정책을 결정하는 데에 정부의 승인이 필요 없다. 연방준비제도 그 자신이 정책을 결정한다.

이 독립기관이라는 설정이 두 개의 문제를 일으키고 있다. 하나는 민주주의국가에 있어서 정부의 경제정책에 대한 책임 소재이다. 미국의 경우, 대통령과 의회가 나라의 정책을 책임진다. 그러나 연방준비제도는 독립 조직으로서 경제라는 가장 중요한 문제에서 독점적인 권력을 행사하면서 큰 영향력을 미치고 있다. 만약에 연방준비제도의 목적이 의회나 대통령의 정책과 달라도 의회나 대통령은 아무것도 할 수가 없다. 국민은 더 말할 것도 없다. 이러한 무책임한 권력을 행사하도록 승인한 것은 비민주적이다. 연방준비제도는 개혁되어야 하며, 선거에서 선출된 사람이 그 책임을 맡도록 돼야 할 것이다.

또하나는 독립된 연방준비제도를 인정함으로써 국가는 경제를 지도하는 두 개의 별도 기구를 갖게 된 점이다. 대통령이나 의회는 세수나 세출에 큰 영향을 미치는 권리를 갖지 못하게 된 것이다.

그러나 가장 큰 문제는 최종 통제권이다. 독립기관인 연방준비제도가 대통령이나 의회와 충돌한다면 최종 통제권은 누구에게 귀속하는가. 현재의 법률로는 연방준비제도이다.

독립기관이라는 문제와 마찬가지로, 연방준비제도의 주된 결함은 그 활동에 대한 통제권이 개인의 이익과 직접 결부되어 있는 소수 인간의 손에 장악되어 있다는 점이다. 은행업계가 연방준비제도에 영향력을 행사하고 있는 것이다. 12개 지역의 연방준비은행은 9명의 이사에 의해 운영되고 있다. 그 가운데 6명은 개인이 운영하는 은행(연방준비은행의 주주)에 의해 선출되고 있다.

게다가 중앙의 의사결정 기관은 연방공개시장위원회이다. 이 위원회는 12명으로 구성되고, 7명은 FRB의 멤버로서 은퇴한 의원들 중에서 지명된다. 그들은 국민의 이익을 대표한다. 다른 5명은 12개 연방준비은행의 은행장 중에서 뽑힌다. 이 공개시장위원회는 워싱턴에서 3주마다 회의를 한다(현재는 약 6주마다 연간 8회의 정기 회합을 가지고, 필요에 따라 임시 회합을 연다 — 필자).

민간은행의 영향력, 그것이 국가의 화폐 공급이나 금리를 결정하는 것이다. 금리라는 것은 은행이 자신의 상품을 가지고 장사를 할 때에 요구하는 가격이다.

최초의 연방준비법이 1913년에 제정되었을 때 윌슨 대통령은 이 이해의 상충을 우려하였다. 그는 민간은행에 금리와 통화공급에 대한 결정권을 주는 것을 거부하였다. 그러나 1934년, 1935년에 의회는 대공황 중에서 새로운 법률을 통과시켰다. 그것이 오늘의 법률이다. 강력한 힘을 가진 중앙은행과 지역의 연방준비은행 그리고 강력한 민간은행의 목소리가 공개시장위원회의 의사결정에 반영된 것이다.

공개시장위원회는 공공의 이익을 위해서 봉사하지 않으면 안된다. 국민의 대표로서 기능해야 한다. 그렇지 않은 위원회는 폐지하고, 그 권한은 국민을 대표하는 멤버로 구성된 연방준비이사회에 이양되어야 한다. 나아가서 연방자문위원회는 확대하여 재편성되어야 한다. 멤버는 국민의 대표 중에서 널리 선출되어야할 것이다.

기묘한 일이지만, 의회는 지금까지 어떻게 연방준비정책을 지도해야 할 것인지에 대해 아무것도 한 일이 없다. 의회는 나라의 필요를 충족시키고, 유연한 통화를 찾아보기 시작해야 한다. 연방준비은행이 통화공급이나 금리를 올리는 게 아니라 정부 자신이 그 일을 해야 한다. 의회는 통화정책의 가이드라인에 대해서 논의하고, 명확히 해야 한다. 상원, 하원의 은행통화위원회는 매년 연방준비정책을 검토해야 한다.

이처럼 은행제도와 연방준비제도에 대한 제안과 문제제기를 하는 이유는 사람들이나 나라의 필요에 그것을 될 수 있는 한 맞추려고 하는 것이 목적이다. 은행은 소재 지역에 대해 책임을 져야 하고, 연방준비제도는 나라를 위해 존재해야 한다. 국가의 통화제도는 민간의 이익이나 어떤 특정 그룹을 위해서 사용되어서는 안된다.

국민은 인플레도 디플레도 원하지 않는다. 국민이 원하는 것은 번영과 높은 고용률이다.

어떤가. 1960년대에 쓰여졌지만, 지금 읽어도 전혀 위화감이 없지 않은가.

은행은 신용창조라는 이름으로 돈을 만들어내고 있다. 그렇게 태어난 돈이 생산적 활동에 쓰인다면 경제는 건전한 발전을 이룰 것이다. 그러나 많은 은행이 단기적인 이익을 거두는 쪽으로 폭주하고, 투기를 위한 방대한 자금을 공급하고 있다. 남아도는 돈을 사용하여 도박을 하고 있는 것이다. 뿐만 아니라 민간은행 위에 군림하고 있어야 할 중앙은행조차 금융해적의 영향하에 있다. 많은 독자들이 놀라겠지만, 이것이 금융시스템의 실태이다.

은행이 통제하는 화폐시스템에 의문을 품었던 지도자들

대학시절에 경제학을 배운 사람들, 특히 진지하게 공부한 사람들 중에는 나의 주장에 회의나 혐오감을 가질지도 모른다. 은행이 돈을 창조하는 신용창조는 자본주의경제의 가장 뛰어난 기능의 하나라고 배웠을 것이기 때문이다.

그러나 경제학자들 중 적지 않은 사람들이 은행의 통화공급에 의문을 던지고 있다. 예를 들어, '경제학의 거장'이라고 불리며 《불확실성의 시대》 등의 베스트셀러로 일본에서도 인기가 높은 경제학자였던 존 케네스 갤브레이스(1908-2006)는 다음과 같이 말하고 있다.

> 화폐의 연구는, 경제의 온갖 분야 중에서 진실을 은폐하고 혹은 진실로부터 교묘히 도피하기 위해서 그것이 폭로되지 않도록 고의적으로 복잡하게 만들어진 분야의 하나이다.
>
> — *Money : Whence It Came, Where It Went* (1975), p. 15

> 은행이 돈을 만드는 과정은 역겨울 정도로 너무나 간단하다.
>
> — 같은 책, 29쪽

그리고 지금 이 책을 쓰면서 은행의 화폐공급 시스템에 관한 저명인사들의 논평을 검색해보고, 미국의 최고 권력자인 합중국 대통령이 이 화폐시스템에 대해서 의문을 느낀 경우가 적지 않다는 것을 알게 되었다. 그들은 재정 운영을 하기 위해서 국채를 발행하는 등, 실제로 화폐시스템과 직접 대치할 기회를 가졌기 때문에 그 시스템의 기만성을 민감하게 간취했을 것이다. 몇몇 논평을 소개해보자.

> 미국에서 일어나는 모든 혼란은 헌법이나 동맹시스템의 결함, 명예나 덕성의 결핍 때문이 아니다. 그것은 경화(硬貨), 신용, 통

화의 성질에 대해서 사람들이 무지한 데서 온다. (제2대 대통령 존 애덤스)

나는 은행업계는 상비군보다도 위험하다고 믿는다. 그리고 재정 지원이라는 명목으로 후세에 부담을 떠넘기는 세출 원칙은 자손들을 기만하는 행위이다. (제3대 대통령 토머스 제퍼슨)

환전상이 온갖 종류의 남용, 음모, 사기, 폭력수단을 통해서 화폐와 그 발행을 통제함으로써 정부를 계속 지배하고 있다는 것은 역사가 기록하고 있다. (제4대 대통령 제임스 메디슨)

어떠한 나라에서도 통화량을 통제하는 사람이 모든 산업과 상업의 절대적 주인이 된다. (제20대 대통령 제임스 가필드)

통화 발행은 정부의 손에 맡겨져야 하며, 월스트리트의 지배로부터 지켜지지 않으면 안된다. 국가의 통화와 신용제도를 민간의 손에 맡겨야 한다는 법률 규정에 우리는 반대한다. (제25대 대통령 시어도어 루즈벨트)

진실은, 당신도 나도 아는 바와 같이, 앤드류 잭슨(제7대 대통령)의 시대로부터 거대 은행이 쭉 정부를 소유해왔다는 사실이다. (제32대 대통령 프랭클린 루즈벨트)

세계에서 가장 자유로운 나라(미국)는, 통화문제가 나라를 통제하지 못하도록 그 문제를 통제하지 않으면 안된다. (제35대 대통령 존 F. 케네디)

링컨이 발행한 정부지폐 '그린백'

그중에서도 에이브러햄 링컨은 현실적인 정책을 통해 은행으로부터의 탈각을 시도했다.

당시 합중국 남부는 플랜테이션 경제에 의해 번영을 누리며, 면화를 유럽으로 수출하고 있었다. 플랜테이션 경영을 뒷받침하고 있던 것은 아프리카로부터 끌려온 흑인 노예들이었다. 남부의 면화재배가 급속히 성장한 것은 영국 면공업의 발전에 수반하여 증대된 면화 수요 덕분이었다. 따라서 영국을 중심으로 한 자유무역권에 속해 있는 것이 남부의 이익이었기 때문에, 남부는 자유무역을 원했다.

그에 비해서 합중국 북부는 급속한 공업화가 진전되어 새로운 유동 노동력이 필요했다. 그러므로 노예제와는 같이갈 수 없었다. 또한 유럽산 공업제품보다 우위의 경쟁력을 확보하기 위해서 보호무역이 필요했다.

영국의 은행가들은 남부를 지원하고 있었다. 남부를 지원함으로써 미국이 하나의 나라로 통일되어 경제적으로, 정치적으로 발전하는 것을 저지하려고 했다. 이를 깨달은 링컨은 합중국 통일이 급선무라고 생각하고 남북전쟁으로 나아갔다. 널리 알려진 것처럼 노예해방의 의도가 링컨에게 얼마만큼 있었는지는 의문이지만, 어떻든 나라를 양분하는 전쟁에 돌입한 것이다.

링컨은 남북전쟁의 전비(戰費)를 조달할 필요성에 쫓겼다. 당초에는 은행가들에게 자금 제공을 요청했지만, 은행가들은

27~36%라는 고리대 수준의 이자를 요구했기 때문에 취소했다.

그는 "정부가 국채를 발행할 수 있다면, 같은 논리로 어째서 정부지폐를 발행할 수는 없는 것인가? 그렇게 하면 국채에 수반하는 이자를 절약할 수 있지 않은가"라고 생각했다. 재무장관 체이스와 의논한 결과, 재무부가 인쇄하는 지폐를 법적으로 유효한 통화로 인정한다는 법안을 의회에서 가결하면 된다는 조언을 얻었다. 그래서 링컨은 정부지폐를 발행하여 전비를 마련하기로 결단을 내렸던 것이다.

이때 링컨이 발행한 정부지폐는 다른 지폐와 구별하기 위해서 뒷면을 녹색 잉크로 인쇄했기 때문에 '그린백'으로 불리었다. 링컨은 이 이자 없는 지폐를 사용하여 남북전쟁을 승리로 이끌었다.

전부는 아니라 할지라도 거의 대부분의 돈을 민간은행이 창조하고 있다는 것은 장기간에 걸친 사실이다. 그런데 이 기간 동안에 정부가 국채를 발행하고, 은행에 돈을 만들게 하여 그것을 구입하는 관행에 대한 반대는 거의 없었다.

그러나 링컨이 정부지폐를 발행하여 돈을 창조했을 때, 정치적·경제적으로 큰 반대가 일어났다. 물론 지금이라도 그와 같은 반대의 대합창이 일어났을 것이다. 왜냐하면 은행은 강대한 힘을 가지고 있기 때문이다.

그런데 생각해보자. 만약에 링컨이 '그린백'이 아니라 국채를 발행했다면 어떻게 되었을까?

《화폐입문》의 저자 라이트 패트먼의 시산(試算)에 의하면, 정부가 이 국채에 연 5%의 이자를 지불하게 되었다면 1964년까지

23억 달러를 지불하든지, 원본(元本)의 약 5배를 차입하지 않으면 안되었을 것이다.

링컨은 전쟁 후에 이렇게 말했다.

정부의 비용을 조달하고 일반 국민의 소비에 필요한 모든 통화와 은행예금을 정부는 스스로 발행·유통시켜야 한다. 통화를 만들고 발행하는 특전은 정부가 가진 하나의 특권일 뿐만 아니라, 정부가 가진 최대의 건설적인 기회이다. 이 원리를 도입함으로써 납세자는 헤아릴 수 없을 만큼 막대한 이자를 절약할 수 있다. 그럼으로써 돈은 인간의 주인이 아니라 인간이 인간다운 삶을 누리기 위한 하인이 되는 것이다.

이 말에서 짐작할 수 있듯이, 정부가 이자가 붙는 돈을 중앙은행으로부터 빌리면 인간은 돈의 노예가 되고 만다는 것을 링컨은 명확히 인식하고 있었다. 그는 '그린백' 발행 경험을 통해서 금융의 메커니즘을 이해하고, 남북이 통일된 뒤에는 중앙은행을 설치하지 않고 '그린백'을 사용할 것을 결심하였다. 하지만 남북전쟁이 끝난 1865년 4월 9일로부터 14일 뒤 극장에서 관람 중 후두부에 총격을 입고 암살되었다.

이 장(章)의 말미에, 나는 제28대 대통령 우드로 윌슨의 말을 소개하고자 한다. 윌슨 대통령은 연방준비법을 성립시켜 미국의 중앙은행인 연방준비제도를 창설한 것으로 알려져 있다. 그런 그가 은퇴 후에 남긴 말이다.

나는 가장 불행한 인간이다. 나는 어리석게도 내 나라를 파괴하였다. 큰 산업국가는 신용제도에 의해 좌우된다. 우리의 신용제도는 한 점으로 집중되어 있다. 국가의 성장 그리고 우리의 모든 활동이 소수 인간의 손에 달려있다. 우리는 세계 최악의 형태로 지배되고, 가장 완전히 통제당하는 정부의 하나가 되었다. 더 이상 자유로운 견해나 신념을 가진 정부가 아니라, 또 다수의 투표로 세워진 정부도 아니라, 소수 인간에 의해 지배되는 정부가 되고 말았다.

윌슨 대통령은 임종 시에 가까운 사람에게 자신이 대통령 재임 중에 성립시켰던 연방준비법과 관련해서, "속아넘어가서 나는 나라를 배반하였다"라고 말했다고 한다.

제3장

'100% 돈'
— 카지노경제를 봉쇄하는 처방전

은행업은 부정함 속에서 구상되고, 죄악 속에서 태어났다. 이 세상은 은행가들의 것이다. 설령 그들이 소유하고 있는 것을 뺏는다 하더라도 그들에게 신용창조의 힘을 남겨둔다면, 그들은 펜을 한번 움직이는 것만으로 뺏긴 것을 되찾을 충분한 돈을 만들어낼 것이다. 그러나 그들에게서 이 힘을 뺏어버린다면 그들의 모든 재산은 소멸되고, 그들도 사라져버릴 것이다. 그러면 이 세계는 사람이 살기에 더 좋고 더 행복한 곳이 될 것이다. 하지만 당신이 은행가의 노예로 살기를 바라고, 스스로 노예제도의 비용을 부담하려 한다면, 은행가들에게 신용창조 통제 기능을 맡겨놓으면 될 것이다.

— 조시아 스탬프 경(卿)(1930년대 잉글랜드은행 총재)

우리는 완전히 상업은행들에 의존하고 있다. 유통되고 있는 화폐, 현금 혹은 크레디트도 포함해서. 은행이 인공적으로 돈을 충분히 만들면 우리는 번영하고, 그렇지 않으면 굶주리게 된다. 우리는 영구적으로 지속가능한 화폐제도를 가지고 있지 않다. 전체상을 이해하게 될 때, 이 가망 없는 시스템의 비극적 부조리는 믿을 수 없을 정도임을 알게 될 것이다. 하지만 이것은 사실이다. 이것은 지성적인 사람들이 조사하고 성찰할 수 있는 가장 중요한 문제이다. 사람들이 이것을 널리 이해하지 않는 한, 그리고 그 결함을 시정하지 않는 한, 우리의 현 문명은 머잖아 붕괴될지도 모른다.

— 로버트 H. 헴필(애틀랜타 연방준비은행 크레디트 매니저)

화폐시스템에 대한 회의(懷疑)

1930년대에 어째서 대공황이 일어났는가. 어떤 상황에서도 사람들은 생활을 하지 않으면 안되는데, 공황이나 불경기가 되면 어째서 실업이 증가하는가. 또한 이토록 환경이 오염되어 있는데도 공기나 물을 깨끗이 하려고 하는 노력이 어째서 지연되고 있는가.

왜 거의 모든 정부가 부채를 지고 있는가. 그리고 그 부채 상환을 위해서 왜 복지예산을 삭감해야 하는가. 어째서 지금 젊은 이들은 부모세대보다도 장래에 대한 희망을 가지지 못하는가.

그 이유는 세계의 통화제도와 은행제도가 300년보다 더 이전에 영국의 금세공사들의 속임수에 의해 만들어졌다는 데 있다. 이 제도는 불공정하며, 지속이 불가능한 시스템이다.

솔직히 말해서 불황이나 공황은 필연적인 게 아니다. 그것은 기본적으로 화폐 현상에 불과하다. 불황이나 공황을 예측하지 못하는 것은 경제학자들의 이해 부족에서 생겨나며, 경제학자들의 이해 부족은 화폐시스템이 산업혁명으로 인한 변화를 제대로 반영하지 못한 탓이다.

문제의 근본은 경제가 신학 이론과 같은 것이 되었다는 데 있다. 즉, 주류 이론이 천동설이라면 그 이외의 설은 논의도, 장려도 되지 않는다. 은행의 신용창조 — 무에서 유를 낳는 화폐시스템 — 가 바로 경제의 기반이 되었다. 그것을 의심하는 것은 현재의 사회체제 그 자체를 부정하는 것으로 간주되었다. 물론 더

러는 이 화폐제도에 반론을 시도하는 사람들이 있었지만, 모두 무시되었다.

그런데 이제 세계 도처에서 채무, 부채, 적자가 증가하고 있는 상황에서, 대공황 이래 처음으로 이 통화제도를 대대적으로 바꿀 필요가 있다는 목소리가 나오기 시작했다. 즉, 금융경제와 실체경제를 결부시킬 필요가 있다는 목소리가 높아지고 있다.

금융경제와 실체경제가 결부됨으로써 어떤 일이 일어날 것인가. 예를 들어, 다음과 같은 것이다.

1. 경제가 최대한 살아난다.
2. 완전고용의 실현,
3. 완전고용과 아울러 가격이 안정된다.
4. 예산의 균형,
5. 채무 삭감이 이루어지고,
6. 공공서비스가 충실해진다.
7. 마지막으로, 감세가 가능해진다.

그 결과, 경기순환(business cycle) 따위의 용어는 경제용어에서 소멸될지도 모른다.

왜 금융경제와 실체경제가 이처럼 괴리되었는가

어찌하여 실체경제와 금융경제가 괴리되었는가. 그것은 2백 몇십 년 전 18세기 후반 영국에서 시작된 산업혁명으로, 기계가 인간을 대신하여 일을 하게 되고, 생산량이 대폭 증가했기 때문이다.

자본가가 더 많은 이익을 획득하기 위해서는 새로운 시스템이 필요했다. 왜냐하면 옛 물물교환 제도로는 방대하게 불어난 거래량에 적절하게 대처할 수 없었기 때문이다. 그래서 새로운 형식의 돈 — '통장 돈'에 의한 신용창조 — 이 필요해졌다.

그리하여 경제의 규모가 확대되자 호경기와 불경기가 교대로 찾아오는 경기순환이 일어나게 되었다. 예를 들어, 전쟁 때에는 실체경제가 최대로 확대되고 경기가 상승한다. 그러나 한편, 현금이 부족하면 실업이 늘어나고, 경기가 장기간 침체된다. 이와 같은 롤러코스터 상태에 있는 것이 경기순환의 특징이라고 생각되고 있지만, 정말 그러한가. 이것이 자연스러운 일인가.

경기순환의 문제점은 우파 좌파 모두에게 논의의 대상이 되어왔다. 양쪽 모두 추구하는 것은 동일하다. 즉 고용, 식품, 적절한 주택 등을 국민에게 공급하는 것인데, 어느 쪽도 그러한 것을 제공하지 못하고 있다. 사회주의는 그것을 실현할 것처럼 보였지만 시스템 자체가 파탄나버렸다. 그리고 자본주의에서는 변함없이 호황과 불황이 번갈아 되풀이되고 있다. 많은 경제전문가는 호황·불황의 파도는 피할 수 없는 것이라고 주장해왔다.

그런데 호경기, 불경기라는 순환은 피할 수 없는 게 아니라 실은 단순한 화폐 현상이다. 제2장에서 말한 바와 같이, 세계 대공황에 빠진 것은 '통장 돈'이 230억 달러에서 150억 달러로 감소되었기 때문이다. 즉, 통화공급량이 급격히 떨어진 것이 대불황의 계기가 되어 도산·실업이라는 풍파를 일으켰던 것이다. 극히 단순한 메커니즘이다.

실체경제가 필요로 하는 것 이상의 통화가 공급되면 경제는 활황을 띠고, 이윽고 넘쳐나는 돈이 투기자금으로 유입되고, 버블로 돌입한다. 한편, 실체경제가 필요로 하는 돈이 공급되지 않으면 경제는 저조해지고, 불황이 된다. 이것이 실체경제와 금융경제의 괴리가 일으키는 경기의 파도이다.

실체경제와 금융경제의 괴리를 가져온 것은 은행의 신용창조 시스템이다. 은행이 자유로이 돈을 창조하고 동시에 파괴할 수 있는 '특권'을 갖고 있는 탓에 실체경제와 금융경제의 괴리가 일어나는 것이다.

이 점을 이해한다면 피할 수 없는 불황, 호황은 사라진다. 통화 개혁에 의해서 그것은 가능하다. 돈 바로 그것이 호황·불황을 가져오는 원인인 것이다.

돈에 대한 사랑이 악의 근원인지 모른다. 탐욕 때문에 전세계에서 수많은 농민들이 토지에서 쫓겨나고 있고, 수많은 상거래가 불필요하게 파탄나고 있다. 많은 사람들이 퇴직을 강요당하고, 집을 잃고, 구조조정으로 목이 잘리고 있다. 일본도 예외가 아니다.

지금 필요한 것은 실체경제와 금융경제의 괴리라는 악을 초래해온 현재의 통화시스템을 어떻게 할 것인가를 생각하고, 제언하는 일이다. 그 해결책의 하나로 '100% 돈'을 제안하고 싶다. 어빙 피셔를 비롯한 저명한 경제학자들이 제기했음에도 불구하고 이 화폐시스템은 일반인들에게는 거의 알려져 있지 않다. 이유는 간단하다. 은행의 힘이 강대하기 때문이다. 그리고 '신용창조'라는 특권을 통해서 이익을 얻는 세력이 큰 권력을 갖고 있기 때문이다. 그러나 그들이 아무리 강한 힘을 갖고 있어도, 또 아무리 자신들에게 불리한 언설을 봉쇄하려고 하더라도, 현재의 통화시스템이 한계에 달했다는 것은 분명하다.

왜냐하면 우리는 서브프라임 대출이라는 엄청난 협잡을 목도하고, 그것이 파탄에 이른 모습을 똑똑히 보았기 때문이다. 금융해적들의 탐욕스러운 돈벌이가 어떻게 세계의 수많은 사람들의 삶에 고통을 주는가를 피부로 느끼고 있기 때문이다. 낡은 부대를 새 부대로 바꿔야 할 때가 왔다.

'100% 돈' — 통화시스템의 위험성을 해소하는 유일한 수단

앞 장(章)에서 1930년대에 일어난 대공황의 원인에 대해서 말했지만, 지금 그 대공황과 같은 현상이 미국에서 일어나고 있다. 2009년 여름 이후 은행의 크레디트와 미국의 M3 통화량은 대공황을 웃도는 속도로 축소되고 있다. 이 책 집필 시점(2010년 6월)에는 미국경제는 회복기조에 있는 것처럼 보이지만, 앞으로 두 차례의 심한 불황에 빠질 가능성이 있다. 그리고 채무 디플레가 될 수 있다.

영국 〈텔레그래프〉에 실린 기사(2009. 9. 15.) '미국의 크레디트는 대공황의 속도로 축소되고 있다'(Ambrose Evans-Pritchard)에 의하면, 미국의 은행 대출은 2009년 8월까지 3개월 동안 7조 1,470억 달러에서 6조 8,860억 달러로, 연율 14% 하락하고 있다. 이것은 1930년대 이후 없었던 사태이며, 통화 밸런스가 급격히 붕괴하고 있음을 의미한다. 경제에서 초기 경고신호라고 할 수 있는 광역유동성은 지난 1년 사이 연율 5% 하락하고 있다.

마찬가지 우려사항을 런던의 자금운용회사 글러스킨셰프의 분석가 데이비드 로젠버그도 지적하고 있다. 2009년 8월 24일까지 4주 동안 은행의 크레디트는 연율로 따져 기록적이라고 할 수 있는 9% 줄어들었고, M2 통화량은 12.2%, M1은 6.5% 축소되었다. "2차대전 후 최초로 신용, 임금, 집세가 디플레 상태로 되고 있다. 이것은 독을 섞어 조제하는 것과 같다"고 그는 말한다.

일본에서도 같은 현상이 벌어지고 있다.

① 1968년부터 1978년까지 일본의 GDP는 평균 연간 15% 성장했다. 통화공급량은 연간 17% 증가했다. 정부가 제공하는 통화 부분(전체의 8%)은 연간 16% 증가하고, 민간은행이 제공하는 통화량(전체의 92%)은 연간 17% 증가했다.

② 1979년부터 1991년까지 GDP는 평균 연간 6%밖에 늘어나지 않았다. 전체 통화량은 연간 9% 증가하고, 정부 통화(전체의 6%)는 연간 8% 증가 그리고 민간은행(전체의 94%)의 통화량은 연간 9% 증가했다.

③ 1992년부터 2008년까지 GDP 성장률은 연간 1%로 되고, 전체 통화량은 연간 2% 증가. 정부가 제공하는 통화는 전체의

23%로 연간 6% 증가하고, 민간은행(전체의 77%)의 통화량은 연간 겨우 2% 증가했다.

이처럼 은행의 신용수축으로 통화량이 대폭 감소하면, 경제는 큰 손상을 입게 된다. 경기의 상승과 하강은 이렇게 생겨나는 것이다.

그런데 생각해보라. 어째서 은행은 대출을 자제하고(즉, 돈을 만드는 일을 중지하고), 신용수축을 가져오는가. 그것은 스스로가 투기적인 거래에 손을 대거나 금융해적들에게 방대한 자금을 제공하다가 실패했기 때문이다. 그들은 몇 번이나 같은 짓을 되풀이해왔다. 일본의 버블경제, 미국의 IT버블과 서브프라임 대출, 이들이 파탄을 초래한 결과 신용은 수축되고, 통화공급량은 급격히 감소했다. 그리하여 대규모 불황이 닥치고, 중소기업에 대한 대출 억제, 나아가 구조조정 혹은 파견사원 해고 등 사회문제가 발생하고 있다.

이러한 경기후퇴의 근저에 있는 게 현재의 금융시스템이다. 민간에 화폐 창조를 맡겨놓고 있는 이 시스템이야말로 인플레나 디플레를 초래하고, 호황·불황의 파도를 일으키며 나아가서는 거액의 도박을 되풀이하는 금융해적을 방치해온 것이다.

이와 같은 불안정한 통화시스템을 해소하는 길은 근본적으로 시스템의 변경을 꾀하는 수밖에 없다. '100% 돈'은 이를 위한 유효한 해결책이 된다.

'100% 돈'을 간단히 설명하면, 보통 은행이 언제라도 예금을

100% 현금화할 수 있도록 하려는 아이디어이다. 즉, 은행이 예치된 예금과 동일한 액수의 준비금을 갖고 있게 만들자는 것이다. 그렇게 하여 은행이 돈을 만들어내는 신용창조 기능을 중지시키자는 것이다.

그렇게 되면 통화량의 증감을 결정하는 것은 더이상 민간 상업은행의 몫이 아니게 된다. '100% 돈'의 실현은 인플레나 디플레, 불황을 방지하는 대책도 되고, 나아가서는 국가채무 대부분을 소멸시킨다.

'100% 돈' 실현을 위한 시나리오

그런데 '100% 돈'이라는 것은 어떠한 것인가. 구체적으로 설명해보자.

'100% 돈'의 세계에서는 중앙은행을 대신하여 정부 내의 '통화위원회'가 지폐를 발행한다. 은행은 당좌예금과 보통예금을 받고, 그 자금 전액을 현금으로 보유한다. 그리하면 모든 '통장 돈'은 실제 돈으로서 은행에 존재하게 된다. 예금은 문자 그대로 예금자에 의해 위탁된 현금이며, 따라서 그 현금은 100% 준비금으로 확보되어 있지 않으면 안된다. 은행예금은 돈의 소유자에게 있어서 단순한 보관처가 된다.

이렇게 되면, 보통예금과 준비금 사이에 실질적인 구별이 없어진다. 내가 은행에 예치하는 돈은 나의 통장에 기록되어 있는 숫자이며, 이것은 문자 그대로 은행에 있는 돈이 된다. 은행의 예금이 1억 2,500만 달러가 되는 데는 현금이 1억 2,500만 달러 존재하지 않으면 안된다. 그것은 예금자가 1억 2,500만 달러 이상의 현금을 자신의 지갑이나 금고에서 은행으로 그만큼 옮겨놓은 것이다.

만일 예금이 줄었다면 그것은 예금자가 그 돈을 은행에서 인출하여 자신의 지갑이나 금고에 넣은 것이 된다. 어떠한 경우에도 합계에는 변함이 없다. 이것이 '100% 돈'이라는 시스템이다.

만약 은행이 치안상의 이유로 금고에 대량의 현금을 보관하는 것을 꺼리는 경우에는 통화위원회에 '준비예금'으로서 예치해도 좋다. 이것은 은행이 금고에 현금을 보관하고 있는 것과 경제적으로 완전히 동일하다. 따라서 이후에는 '준비예금'이라는 것에 대해서는 생각할 필요가 없다.

은행은 예치된 돈을 현금으로 단지 보유하고 있을 뿐이기 때문에 맘대로 대출을 하거나 새로운 '통장 돈'을 만들어낼 수 없게 된다. 은행의 기능은 금고로서 돈을 안전하게 보관하고, 수표나 어음 등에 의한 고객의 자금결제를 중개하는 것, 은행계좌 불입·이체에 의한 고객의 자금결제를 중개하는 것 등에 한정된다. 은행은 대출에 의한 금리수입이 없어지지만, 송금 수수료나 어음결제 수수료 등으로 각종 비용을 충당하게 된다. 경우에 따라서는 은행에 계좌를 개설하는 수수료를 징수해도 좋을지 모른다.

은행이 대출을 할 수 없게 되면 대출은 누가 하는가. '대출기관'이 하면 된다.

대출기관은 주식이나 회사채를 발행하여 자금을 모아 그것을 대출에 사용하는 것이다. 그렇게 되면 대출기관도 맘대로 '통장 돈'을 만들 수 없다. 즉, 지금 은행이 맘대로 창조하거나 파괴하는 통화공급량을 이제는 완전히 통화위원회가 통제할 수 있게 되는 것이다. 여기서 통화공급량이란 세상에서 유통되고 있는 지폐의 양이다. 사람들이 지갑 속에 지니고 있는 돈과 은행에 예치하여 은행금고에 보관해두고 있는 돈의 합계이다(되풀이하지만, 은행이 치안상의 이유로 금고의 현금을 통화위원회에 예치하는 일도 실제로는 가능하지만 여기서는 그런 것은 생각하지 않는다).

구체적인 이행과정은 다음과 같이 될 것이다. 즉, 은행은 새로운 대출이 금지된다. 따라서 돈을 빌린 사람은 은행에서 자신의 예금을 인출하여 은행에 빚을 상환한다. 은행은 예금과 대출이 같은 액수로 감소하지만 수중에 있는 현금의 양에는 변화가 없다. 조만간 은행은 대출을 전부 회수하는 일을 완료하고, 수중에는 예금과 같은 액수의 현금이 남게 된다. 즉, '100% 돈'이 실현되는 것이다.

한편, 통화위원회는 지폐를 인쇄하여 시장에서 돌고 있는 국채를 구입한다. 국채를 매각한 사람은 그 대가로 받은 지폐를 일부는 은행에 예치하고, 일부는 '대출기관'이 발행하는 주식이나 회사채 구입에 쓴다. 새로이 차입을 하는 사람은 은행이 아니라 '대출기관'으로부터 돈을 빌린다. 빌린 자금은 서비스나 상품에 대한 대가로 제3자에게 지불된다. 이 돈을 받은 사람은 그 일부를 은행에 예금하고, 나머지 지폐로 '대출기관'이 발행하는 주식이나 회사채를 구입한다.

    통화위원회는 바람직한 통화량에 달하기까지 국채를 매입하고, 대가로 지폐를 그 국채 보유자에게 준다. 통화량을 증가시키려면 추가로 국채를 구입하고, 감소시키려면 수중에 있는 국채를 시장에서 매각한다. 즉, 통화량을 증가 혹은 감소시키는 것은 완전히 통화위원회의 통제하에 있게 된다.

    여기서 문제가 되는 것은 무엇을 기준으로 '바람직한 통화량'을 정할 것인가 하는 것이다. 여기에 대해서는 두 가지 결정방법을 생각할 수 있다.

    하나의 방법은, 국민 1인당 통화량을 설정하는 것이다. 통화 총액을 고정시키는 것이 아니라 국민 1인당 통화량을 결정한 뒤에 인구의 증감에 맞춰서 통화위원회가 국채 매매를 통해서 통화량을 조작할 수 있도록 하는 것이다. 예를 들어, 1인당 통화량이 250달러가 되도록 정해졌을 때, 그 금액보다 낮아지면 위원회는 은행이나 국민에게서 국채를 구입하여 통화량을 늘리고, 금액을 초과하면 그 금액이 되기까지 매각함으로써 통화량을 흡수하는 식으로 조작을 행한다.

    또하나의 방법은, 통화의 구매력을 기준으로 하는 것이다. 정부의 공적 지표로 측정된 구매가격 수준을 고정시킨 다음, 통화위원회는 지표가 정부 기준보다도 내려가면 국채를 사고, 올라가면 파는 것이다.

    이 구매력에 기초한 방법은 1931년 9월 이후 스웨덴이 릭스

방크(스웨덴 중앙은행)를 통해서 실시하고 있는 방식이다. 스웨덴은 구매력에 맞춰서 돈과 외국환 가격을 조정한다. 스웨덴은 국내의 생활지표를 일정하게 유지함으로써 불황에서 제일 먼저 회복했다.

이 밖에도 방법은 있지만 어떠한 방법을 채택하더라도 동일한 관리 수법이 적용될 수 있다. 어떠한 기준이라 하더라도 거기에 맞춰서 통화량을 증감하면 되는 것이다. 통화위원회는 다양한 공적 지표나 기준을 조사하여, 어떤 지표가 좋은지를 의회에 보고한다. 나는 통화량을 생활비와 관련시키는 스웨덴 방식이 좋다고 생각하지만, 어느 경우라도 통화위원회는 통화의 가치를 규정하는 것 이외의 기능을 해서는 안된다.

'100% 돈'이 갖는 장점

'100% 돈'이 실현되면 어떠한 장점이 있을까. 주로 다음과 같은 장점을 가져다줄 것이라고 생각된다.

1. 화폐제도가 단순해진다.

'지갑의 돈'과 '통장의 돈'이 기본적으로 같은 것이 됨으로써, 모든 통화가 100% 실제의 돈이 된다.

2. 은행 업무가 단순해진다.

현재의 시스템에서는 돈의 소유자가 애매하다. 돈이 은행에 예치되면 예금자는 통장에 기재된 금액을 자신의 돈이라고 생각하지만, 법적으로는 은행의 것이 된다. 은행의 돈을 보유하는 자는 예금자가 아니고, 예금자는 단지 민간기업에 불과한 은행의 채권자이다. 그러나 '100% 돈'의 실현에 의해서, 예금자가 은행에 돈을 예치하여 그 돈을 담보로 수표를 끊는 것은 가능하겠지만 은행이 그 돈을 대출하는 것이 불가능해지면, 지금과 같은 은행업무를 둘러싼 미스터리는 대부분 즉시 소멸될 것이다.

그리고 장래에는 은행에 '보통예금' 혹은 '당좌예금'으로 예치된 돈과, 대출기관에 예치된 돈(예금된 게 아니라 주식 혹은 회사채 구입자금으로 투자된 돈)은 엄격히 구별될 것이다. 은행의 돈은 예금자의 것이며, 거기에는 이자가 붙지 않는다. 대출기관에 투자된 돈은 현재의 은행예금과 같은 상태, 즉 대출기관의 소유이며, 대출기관은 그것을 사용하여 대출할 수 있지만 그 대신 투자가에게는 배당 혹은 이자를 지불한다. 그런데 대출기관에의 투자가는 예금하고 있는 게 아니라, 주식이나 회사채를 보유하고 있을 뿐이기 때문에 일반 주식투자나 회사채에 투자한 투자가와 같은 입장이다. 따라서 투자한 자금을 수표의 결제 등에 사용할 수 없는 것은 당연하다.

3. 은행(commercial bank)의 예금인출 소동이 없어진다.

왜냐하면 예금자의 100% 돈은 언제라도 은행에 있기 때문이다(혹은 언제라도 예금자에게 제공될 수 있기 때문이다). 실제로, 예금자는 늘 돈이 거기에 있는 것을 알고 있기 때문에 지금보다 인출하는 금액은 적어질 것이다.

4. 은행 도산이 줄어든다.

도산할 가능성이 있는 은행의 중요한 채권자는 예금자인데, 이들 예금자에게 100% 돈이 제공될 수 있기 때문이다.

5. 이자에 붙는 정부 채무가 대폭 감소한다.

현재 정부는 대량의 국채를 발행하여 그 보유자에게 거액의 금리를 지불하고 있다. 그러나 '100% 돈'이 실현된다면, 통화위원회가 지폐를 인쇄하여 대량의 국채를 구입하게 됨으로써 정부가 지불하는 금리 중 상당부분은 통화위원회가 수취하게 된다. 즉, 어떤 사람의 오른쪽 주머니에서 나온 국채가 같은 사람의 왼쪽 주머니로 들어가는 식이 되어 실질적으로 채무 감소가 가능하다.

6. 심한 인플레나 디플레가 없어진다.

지금과 같이 '통장 돈'을 만들거나 파괴하는 은행의 힘을 박탈할 수 있다. 대부를 통한 통화팽창도 대부 중지를 통한 통화수축도 없어질 것이기 때문이다. 보통예금의 양은 증감하더라도 큰 영향을 주지 않는다. 예금은 나라의 실제 돈 총액의 일부이며, 돈이 어떤 한 사람한테서 다른 사람에게로 옮겨 가더라도 이 총액은 변함이 없기 때문이다. 만일 예금자가 모든 예금을 한 번에 인출하더라도 혹은 대출금을 한 번에 상환하더라도 국가통화의 총액은 그것 때문에 영향을 받지 않는다. 단지 재분배될 뿐이다. 그 총액을 지배하는 것은 유일한 발행자인 통화위원회이다.

7. 호황과 불황의 격차가 줄어든다.

호황과 불황의 파도는 주로 인플레와 디플레에 의해서 초래된다. 심한 인플레나 디플레가 될 위험성이 감소하면 당연히 호황·불황의 파도는 온건해지고 버블도, 대불황도 사라질 것이다.

이상의 장점 3과 4는 특히 미국에 해당된다. 미국은 예금인출 소동이 많고, 또 은행이 흔히 파산을 하는 나라이기 때문이다. 다른 6개는 보통예금 시스템을 가진 모든 나라에 해당된다. 6과 7의 장점은 가장 중요하다. 통화 인플레와 디플레가 없어짐으로써 호황과 불황의 격차가 온건해진다. 특히 대공황이나 열띤 이상경기(異常景氣)가 사라진다.

'100% 돈'은 과격한 혁명이 아니다

'100% 돈'이라는 아이디어를 과격한 혁명이라고 생각하는 사람이 있을지도 모르지만, 현실은 그 반대이다. '100% 돈'이 제안하고 있는 것은 실제로 있는 돈의 8배 내지 9배까지의 돈을 대출하는 이상스러운 파괴적 시스템을 옛 금세공사의 금고 시스템으로 되돌리려는 보수적인 시도이다. 보관을 위해 예치된 것을 금세공사들이 부적절하게 대출을 시작하기 이전으로 되돌리자는 것이다.

신용을 남용한 이 행위가 보통의 표준적 관행으로 사회에 받아들여져 현대의 예금은행제도로 발전하였기 때문이다. 공공정책으로 보아도 이것은 남용이다. 신용의 남용뿐만 아니라 대출과 예금기능의 남용이다.

프린스턴대학의 프랭크 D. 그레엄 교수(1890~1949)는 '100% 돈' 계획에 찬성하여, 애덤스 대통령의 말을 빌려 "민간은행의 은행권 발행은 국민에 대한 사기행위다"라고 지적했다. 그 시대의 보수파는 모두 이것을 지지하였다.

왜 정부의 권한을 무료로 은행에 계속 줘야 하는가? 권한은 미국 헌법에 다음과 같이 정의되어 있다. (제1조 제8절) 화폐를 주조하고, 그 가치 및 외국화폐의 가치를 정하며 또 도량형의 표준을 정하는 것.

문자 그대로는 아니지만, 모든 은행은 화폐를 주조하고 또 돈의 가치에 영향을 주며, 그것을 규제하고 지배하고 있다. 현재의 통화제도를 옹호하는 자도 수천 개의 민간 조폐창이 돈을 만들어내는 것과 같은 현재의 시스템이 훌륭하다고 주장하지는 못할 것이다. 만일 그것이 훌륭하다면 1930년대에 '통장 돈' 230억 달러 가운데 80억 달러가 없어지는 사태는 일어나지 않았어야 했다.

통화 개혁 — 그 실천을 향하여

민간은행의 통화창조 기능을 정부에 반환해야 한다는 주장은 새로운 것이 아니다. 많은 경제학자나 전문가들이 같은 주장을

하고 있다. 조셉 후버와 제임스 로벗슨의《새로운 화폐의 창조》
도 그 하나이다.

그들은 통화 개혁에 대한 구체적인 제안을 하고 있다. 그들
자신의 나라인 영국의 상업은행(일본의 경우는 일반 은행)이 고객
에 대출을 하고, 거기서 이자를 취해 이익을 올리는 현재의 시스
템을 개혁하여 정부가 새로운 화폐를 만들어야 한다고 주장하고
있다.

개혁 후, 신규 화폐는 중앙정부의 화폐 관할기관(monetary
authority)에 의해 만들어져야 하고, 만들어진 화폐는 채무가 없
는(debt-free) 국가 세입이 되어, 공공목적을 위해서 정부가 사용
하고, 정부가 사용함으로써 국내에 유통되도록 한다.

이 제안에서는 화폐의 정의에 지폐와 경화(硬貨)만이 아니라
은행의 계좌에 전자적으로 만들어진 돈도 포함된다. 이렇게 말하
면 "이것은 화폐가 아니라 크레디트이다"라고 반론하는 사람이
있을 것이다. 그러나 명백히 그것은 화폐로 인식되고, 직·간접
적으로 화폐로 사용되고 있다. 은행이 지금도 민간부문의 이익을
위해서 정식 화폐를 만들고 있다고 여기는 것은 심히 시대착오
적이다.

현대의 공식적인 통화 통계에는 또다른 문제가 있다. 즉, 통
화량이 M0, M1, M2, M3, M3 Extended, M4 등으로 지표가 난립
하여 혼란스럽게 누적되고 있다. 민주주의사회임에도 불구하고
이처럼 복잡하게 혼란스러운 지표가 존재하고 있는 것은 통화제
도에 신비스러운 베일을 씌워놓고 있는 것과 같다. 후버와 로벗

슨은 이것을 간단하게 'M'(money)이라는 표시 하나로 통일해야한다고 말한다.

지금 우리의 통화제도를 새것으로 바꿀 필요가 있다. 정치에서는 200년에 걸쳐서 민주주의가 세계에 확산되었다. 그러나 화폐의 힘을 지배하고, 그것을 국민을 위해서 선용하는 능력은 크게 후퇴해왔다. 화폐와 금융의 작용을 경제의 공평성이나 정보시대의 현실에 부합시킬 수 없다는 사실은 정치민주주의에 대한 신뢰마저 훼손시키는 결과가 되고 있다.

상업은행이 지금과 같은 비현금 화폐를 만들어내는 것을 중지시키고, 그 발행권을 중앙은행으로 이관시켜서 거기서 돈을 부채가 아닌 형식으로 만들어 정부가 국내에 유통시킴으로써 영국은 큰 혜택을 누릴 수 있다고 후버와 로벗슨은 말하고 있다. 그혜택이라는 것은 앞에서 내가 제시한 장점과 거의 일치한다.

1. 세금 혹은 국가의 채무를 감소시킨다. 혹은 공적 지출을 연간 450억 파운드까지 증가시키는 게 가능하다.

2. 공통 자원의 가치(국가의 통화공급)는 민간기업(은행)의 이익이 아니라 공공 수익원이 된다. 이로써 경제의 불공정을 시정하게 된다.

3. 현재의 은행에 주어지고 있는 은폐된 보조금(무에서 신용을 창조하여 이자를 얻는 것)을 중지하는 것은, 통화와 금융의 자유시장 그리고 보다 경쟁력 있는 은행업을 장려하게 된다.

4. 채무가 따르지 않는 통화공급은 공적 채무, 민간 채무를 지

금보다 크게 감소시키게 된다. 지금의 채무는 거의 모든 화폐가 부채로서 만들어지고 있는 데 그 원인이 있다.

5. 경제는 안정화된다. 은행은 돈을 빌려주고 싶어 하고, 고객은 호황기에는 많이, 불경기에는 조금 돈을 빌리고 싶어 한다. 왜냐하면 유통되는 통화량은 은행이 얼마나 대출하는지(경기가 좋고 나쁨)에 따라 변하며, 그것이 또 경기를 증폭시키기 때문이다.

6. 중앙은행이 경제에 필요한 새로운 통화의 양을 결정하여 직접 발행함으로써 인플레 통제가 용이해질 수 있다. 지금의 방식에서는 중앙은행이 금리를 올리는 것으로써 간접적으로 인플레 조정을 하고 있다. 그리하여 은행에서 사람들이 돈을 빌릴 때보다 높은 이자를 물게 된다. 그러나 이 방법으로 비용이 높아지면 인플레의 요인이 된다.

7. 환경에 대한 부담이 줄어든다. 지금과 같이 우리가 사용하고 있는 돈 대부분이 부채인 한, 사람들은 빌린 돈(이자분)을 상환하기 위해서 세상 사람들이 정말 필요로 하는 것 이상으로 계속해서 제품을 만들어내어 계속 팔지 않으면 안된다. 하지만 만일 부채가 아닌 통화라면 그럴 필요가 없어질 것이다.

이 개혁안은 그들의 책에서는 '시뇨리지' 개혁(통화발행 개혁)으로 호칭되어 있다. 시뇨리지라는 것은 경화의 주조와 발행으로 국왕이나 지배자가 이익을 취득하는 것을 말한다. 정보시대의 민주주의사회에 있어서는 이 개혁으로 국가가 그 특권을 되돌려 받을 수 있다.

여기서 큰 원칙의 하나는 통화창조에 의한 이익(시뇨리지)은 민간기업이 아니라 공공의 이익이 되어야 한다는 것이다. 또다른 원칙은 그 공공 통화는 이자가 발생하는 채무라는 형식으로 만들어져서는 안된다는 것이다.

국가의 통화 당국으로서 중앙은행은 현금(지폐와 경화)만이 아니라 비현금 화폐(즉, 현재의 은행계좌 돈에 해당되는 것)를 만든다. 그것들은 '무'로부터 정기적으로 만들어진다. 발행량은 통화공급량을 늘릴 필요에 따라 정해진다. 그것들은 정부에 채무 없는 공공수익을 그 금액만큼 제공한다. 정부는 그 돈을 사용함으로써 돈을 국내에 유통시킨다. 이 외에 은행계좌 돈을 만드는 것은 현시점에서 지폐나 경화를 위조하는 것이 위법이듯이 위법이 된다.

이것을 실시함으로써 다음과 같은 변화가 일어날 수 있다.

중앙은행은 은행이 대출을 함으로써 유통되는 돈의 이자를 조작함으로써 통화공급량을 증가시킬 필요가 없어진다. 그게 아니라 중앙은행이 직접 통화공급량을 결정하여 스스로 만들어내는 책임을 갖게 된다.

은행은 돈을 만드는 일을 금지당한다. 바꿔 말하면, 현재 은행이 대출이라는 수단에 의해 만들어낸 돈의 이익(이자)을 은행의 이익이 아니라 국가의 세입으로 징수하는 것이다. 어떤 추산에 의하면, 영국에서 이것이 실현되는 경우 연간 450억 파운드의 국가 세입이 증가한다고 한다. 또 현재 은행이 이자라는 형태로 획득하는 매년 200억 파운드의 돈(이것은 정부가 민간은행에 보조금을 주는 것과 같다)을 없애는 것이 가능하다고 한다. 이것이 이 통화 개혁이 가져다주는 경제적·사회적 이점(利點)이다.

이 개혁은 진화이지 혁명이 아니다. 2차대전 이후 원래 상업은행으로 존재했던 '잉글랜드은행'은 정부와 특별한 관계를 가진 국가기관, 중앙 통화 당국으로 변신했다. 그와 동시에 여타 상업은행도 진화하여 공적인 사명은 거의 없어진 채 정부로부터 보조금을 받으면서 자유시장 비즈니스로 변신하였다. 그 변화과정에서의 다음 단계가 바로 이 개혁인 것이다.

세계통화와 글로벌경제

새로운 화폐를 만드는 사람은 그것을 사용해서 국내에서 유통시키든지 혹은 이자를 붙여서 대출할 수도 있다. 국내에서의 개혁에서는 이 통화에 의해 국내 전체가 이익을 얻게 되고, 세계 수준에서 통화가 발행되면 세계 수준에서 영향이 미친다. 세계 수준의 통화를 세계의 통화당국이 발행한다면, 그것은 현재의 미화(美貨), 엔, 유로, 파운드 등의 통화에 대해서 '준비통화'가 될 것이다. 이 개혁을 세계적인 규모로 하는 데에는 많은 정부에 의한 활발한 지원이 필요할 것임은 말할 것도 없다.

1995년, 글로벌 거버넌스에 대한 독립적인 국제위원회는 "유일하게 미국이 해외에서 자국의 통화를 사용하여 돈을 빌리고, 상환할 때에는 약화된 달러로 갚는 혜택을 누리는 나라인데, 이것은 국제금융제도의 약점 중 하나이다"라고 지적했다. 그리고 성장하는 세계경제는 국제적인 유동성 자산이 끊임없이 확대되는 것을 필요로 하기 때문에 IMF의 준비통화(Special Drawing Rights: SDR) 발행을 증가시켜야 한다고 지적했다.

후버와 로벗슨도 《새로운 화폐의 창조》에서 SDR이 세계통화로 발전할 가능성을 시사하고 있다. 그들은 국가 시뇨리지 개혁을 토대로, 새로운 국제기관에 의한 세계통화의 발행도 제기하고 있다. 그들은 유엔이 이 일을 맡을 것을 제안한다. 유엔은 이 돈을 사용하여 활동을 하고, 또 그 일부를 인구 규모에 따라 각국 정부에 배분하는 것도 가능하다. 그리고 이 새로운 국제기관은 세계중앙은행의 시작이 되어, 새로운 국제통화를 얼마만큼 만들지 책임을 지고 결정하여 유엔총회 등에 보고하는 의무를 지게 한다는 것이다.

어떤 경우이든, 앞으로 수년 내에는 미국달러의 '패권' 문제의 해결 그리고 국제통화 개혁이 긴급히 요구될 것이다.

예를 들어, 어떤 보고서의 시산에 의하면, 전체 미국 국민은 세계에 대해서 1인당 7,333달러의 빚이 있다. 한편, 개발도상국 국민의 빚은 500달러이지만, 도상국의 채무원리미불금 상환액은 연간 합계 3,000억 달러 이상에 달한다.

게다가 미국은 빈곤국으로부터의 자본도피라는 형태로, 그리고 달러준비를 높은 수준으로 유지하도록 강제함으로써 가난한 사람들로부터 돈을 빌려가고 있다. 빈곤국은 준비금을 적립하기 위해서 미국 재무부 증권을 구입하지 않으면 안되고, 그 구입을 위한 차입금의 이자는 18%나 된다. 그러나 재무부 증권에 대한 이자수익은 겨우 3%이다.

별도의 보고서는 달러가 세계표준의 글로벌 통화가 되어 있는 사실에 내포된 문제점을 지적하고 있다. 즉, 미국은 1971년의 닉슨쇼크 이후 불환지폐를 만들어내고 있고, 그 밖의 나라들은 물건을 만들어 그 달러와 교환하고 있다. 지금 세계경제는 서로 얽혀서 수출경쟁을 하고 있는데, 그 경쟁은 달러로 채무를 상환하고, 또 달러로 준비금을 마련하도록 되어 있기 때문에 각국이 필요한 달러를 손에 넣기 위해 벌이는 경쟁이다.

경제학자 마이클 허드슨은 《초제국주의 국가, 미국의 내막》이라는 책 속에서 다음과 같이 말하고 있다.

이 새로운 형태의 제국주의의 근원에는 하나의 정부에 의한 타국 정부의 착취가 있다. 즉, 미국정부는 중앙은행이나 정부 간 자본의 다각적 통제기관을 통해서 착취를 해왔다. 미국의 제국주의는 구식의 제국주의에서 '초제국주의'로 변신했다. 그것은 미국이 1960년대 이전에는 돌출한 채권국 지위에 의해, 그 이후에는 채무국 지위에 의해 국제기관을 지배해왔다는 것을 뜻한다.

아일랜드의 싱크탱크 'FEASTA'의 조사에 의하면, 달러라는 시뇨리지 때문에 세계가 미국에 건네주는 보조금(즉, 세계 각국이 달러를 손에 넣기 위해 지불하는 비용)의 합계는 연간 적어도 4,000

억 달러에 이른다고 한다. 이것은 미국의 국제수지 적자액과 맞먹는 수치이다.

동시에 이러한 사실은 미국이 어떻게 거액의 군사비를 매년 지출할 수 있는지를 설명해주기도 한다. 그러나 혹자는 이 거액의 달러에 대한 보조금 - 시뇨리지 - 을 정당화한다. 예를 들어, 저명한 미국의 평론가는 "세계 각국은 미국이 세계질서를 유지하기 위한 경찰역할을 하는 데 필요한 돈을 지불하고 있는 것이다"라고 말하고 있다.

그러나 'FEASTA'의 공동 창설자인 리처드 다스웨이트는 이렇게 적고 있다.

미국은 세계의 경찰로서 세계를 불안정하게 하고, 이데올로기가 다른 정권을 전복시키면서 미국의 국익을 세계에 강요하고 있다. 이에 대해서 많은 나라가 만족하고 있다고 생각하는 것은 불가능하다.

이러한 분석은 현재의 통화창조 방법이 불공정하다는 점을 시사하고 있을 뿐만 아니라, 세계경제의 효율성과 금융의 안정성도 해치고 있다는 사실을 시사하고 있다.

그들이 명확하게 지적하고 있는 것은 국제적인 통화 개혁의 필요성이다. 그것은 공정한 세계적 기구가 전세계의 이익을 위해서 국제적인 규모의 채무 없는 통화(debt-free money)를 만들어야 한다는 것이다. 그리고 그때 그 시뇨리지의 이익은 세계 전체의 목적을 위해서 사용되어야 한다. 개혁을 요구하는 국제적인 운동이 활발해지면 동시에 국가 차원의 통화 개혁에 대한 압력도 강화될 것이다.

제4장

‘100% 돈’에 대한 반론에 답한다

링컨의 죽음은 기독교 세계에 있어서 큰 재난이었다. 미국에 링컨의 뜻을 이어갈 후임자는 없기 때문에, 은행가들이 부를 움켜쥘 수 있는 기회가 온 것이다. 내가 두려워하는 것은, 외국의 은행가들이 미국의 부자들을 완전히 통제하여 현대문명을 체계적으로 파괴하는 것이다.

— 오토 폰 비스마르크(독일제국 초대 수상)

어떠한 주(州)도 조약, 동맹 혹은 연합에 가입, 적국 선박 나포 면허장의 발행, 화폐 주조나 신용증권의 발행, 금은(金銀) 이외의 것을 채무 변제용으로 사용하는 것, 사권(私權) 박탈법, 사후법(事後法) 혹은 계약상의 채권·채무 관계를 침해하는 법률을 제정하거나, 귀족의 칭호를 수여할 수는 없다.

— 미합중국 헌법

어째서 해마다 경제성장을 계속해야 하는가

현재 일본은행이 만들어내고 있는 것은 일본 국내에서 유통되는 지폐와 경화(전체 통화 중 10~20%)뿐이며, 은행예금 등의 형태로 존재하는 나머지 80~90%의 돈은 민간은행이 만들어내고 있다. 그것이 지금까지 설명해온 신용창조라고 불리는 것이며, 그 기원은 중세 유럽의 금세공사(金細工師)들에 의한 기만적 상술(商術)로까지 거슬러 올라간다.

고객이 은행에 가서 100만 엔을 빌리고 싶다고 신청하면, 은행은 고객의 계좌에 100만 엔이라는 숫자를 기재해 넣는다. 그 단순한 행위로 일본의 통화량이 증가한다. 돈을 빌린 고객은 100만 엔이라는 대출받은 돈을 은행에 상환해야 하기 때문에 은행의 대차대조표에는 100만 엔(예금)이라는 부채가 발생하지만, 동시에 대출로 이자를 벌어들이는 100만 엔이라는 자산이 증가하게 된다. 이러한 과정으로 은행은 무(無)에서 돈을 만들어내는 게 가능할 뿐만 아니라, 자신이 만든 돈이 자신의 자산이 되어 보다 많은 돈을 계속해서 창조하는 게 가능해지는 것이다.

당신은 어째서 해마다 경제성장을 하지 않으면 안되는지 의문을 가져본 적이 없는가. 그 대답은 간단하다.

사회에 유통되는 돈의 80~90%가 '대부'에 의해 만들어진 돈이며, 대부는 이자를 붙여 상환하지 않으면 안된다. 그래서 이자분(分)만큼 경제가 늘 성장할 필요가 생긴다. 경제 전체로 본다면 상환금액은 대부금액을 늘 웃돈다. 그 웃도는 금액 ― 즉, 이자분을 벌지 않으면 안되는 것이다.

자동차왕 헨리 포드는 "은행업자들의 목적은 소멸 불가능한 채무를 창조함으로써 세계를 지배하려는 것이다"라고 말했지만, 은행이 '무'에서 만들어낸 신용창조, 즉 대출에 덧붙여진 이자는 실체경제에서의 제품이나 서비스와는 관계가 없는 돈이며, 국민의 건강이나 행복을 증대시키는 것도 아니다.

민간은행은 다른 영리기업과 마찬가지로 그 주식이 증권거래소에서 매매된다. 따라서 주가(株價)가 내려가지 않도록 — 늘 투자자나 투기가에게 매력적인 것이 되도록 — 단기간에 이익을 극대화하지 않으면 안된다. 그렇게 하지 않으면 투기가가 주(株)를 투매하여 주가가 내려가고, 그 결과 은행이 매수의 대상이 되거나 존속이 위험에 처해지거나 할지 모른다.

따라서 은행에는 가급적 많은 돈을 시급히 창조하려는 동기가 부여된다. 그 때문에 실체경제에서 필요한 금액을 웃도는 돈을 창조할지도 모르고, 그 금액은 국민의 행복이나 건강을 위한 제품을 만들고 판매하는 것보다 훨씬 큰 규모가 될지 모른다.

1980년경부터 규제가 완화되기 시작하자 은행이 우려한 것은, "돈을 빌려간 사람들이 상환할 수 있는 것보다 많은 돈을 대출함으로써 은행 경영이 악화되는 게 아닐까"라는 것이었다. 요컨대 불량채권의 확대를 두려워한 것이다. 그러나 실제로 불량채권이 확대되어 은행의 경영이 위험에 처해지자 일본정부는 "쓰러뜨리기에는 너무 크다"는 논리를 펴며 공적 자금을 투입하였다. 이렇게 경영이 악화돼도 공적 자금으로 구제되는 선례가 만들어짐으로써, 은행은 더욱 안심하고 돈을 계속 대출하였다.

그 결과 '투기 머니'가 범람, 그것은 세계 전역을 돌면서 한 나라의 경제 전체를 파괴할 만큼 강력한 힘을 갖게 되었다. 나아가 '투기 머니'는 이익의 극대화를 겨냥하기 때문에 사기(詐欺)라고 해도 좋을 금융상품을 만들어내어 전세계에 뿌림으로써 빈번히 금융위기를 일으켜왔다.

이 파괴를 중지시키기 위해서는 통화량을 통제하는 능력을 정부가 되찾아오는 수밖에 없다. 그리고 그 방책의 하나가 '100% 돈'이다.

'100% 돈'은 국가를 재정파탄에서 건진다

가령 정부가 스스로 돈을 만들고 국민이나 기업에 대출을 한다면, 민간은행이 신용창조를 통해서 만들어내는 돈 때문에 발생하는 이자를 갚기 위해서 경제성장이 계속돼야 할 필요성이 없어진다.

그 외에 또하나의 큰 효과가 있다. 그것은 국가재정을 간단히 바로잡을 수 있다는 것이다. 현재 일본의 부채는 800조 엔을 넘고, 그 잔고는 해마다 증가하고 있다. 그 때문에 소비세 증세의 필요성을 논하는 목소리가 높아지고 있는데 '100% 돈'을 실현한다면 일본정부는 증세를 할 필요도 없이 거액의 부채를 상환하는 게 가능해진다.

내가 계산한 바에 의하면, 일본정부의 국가채무 중 78%는 차입금 변제를 위한 것이다. 일본 국가나 국민을 위해 사용되는 것은 차입금 중 22%에 불과하다.

게다가 1968년부터 국민이 낸 세금 중 29%는 정부의 차입금 변제를 위해 사용되고 있다. 국가나 국민을 위해 사용된 것은 세금의 71%였다.

또 일본정부는 민간은행이 만들어내는 돈의 약 89%를 해마다 빌리고, 그 가운데 75%를 다시 민간은행에 차입금 변제로서 지불하고 있다. 이렇게 일본정부가 거액의 공적 채무를 쌓아온 것은 정부 자신이 돈을 만들어내지 않고 민간은행이 돈을 만들어내도록 허용해왔기 때문이다.

민간은행이 아니라 정부가 모든 돈을 1968년부터 창조해왔다면, 일본정부는 547조 엔의 공적 채무 대신에 619조 엔의 흑자를 봤을 것이다. 달리 표현하면 , 정부 자신이 돈을 만들어왔다면 1968년에는 공적 채무는 제로, 1969년부터는 세금을 67% 감세할 수 있었을 것이다. 만일 그렇다면 547조 엔의 공적 채무 대신에 2.3조 엔의 흑자가 되어, 1969년 이후 일본 국민이 지불해온 세금은 현재의 3분의 1로 되었을 것이다.

이런 식으로 일본은 채무대국에서 벗어날 수 있을 뿐만 아니라, 세금이 적고 풍요로운 나라가 되는 것도 가능하다. 그러나 그래도 여전히 '100% 돈'에 대하여 회의를 품는 사람들이 있을 것이다. 그래서 '100% 돈'이라는 아이디어를 실현하는 문제와 관련하여 예상되는 반론을 열거하고, 그것에 대해 반증을 해보고자 한다.

정부지폐의 남발로 인한 하이퍼인플레이션 우려

당연하지만, 새로운 아이디어나 플랜 혹은 새롭다고 생각되는 것 – 예를 들어, 이 '100% 돈'이라는 시스템은 강한 비판을 받고 있다. 그런데 '100% 돈'이라는 시스템을 반대하는 사람들의 비판은 몇 종류로 나누는 게 가능하다. 그러한 비판에 내 나름으로 대답을 해보고 싶다.

우선 반대자로부터 받을 수 있는 질문은, "100% 화폐 시스템으로 전환하여 국가가 만든 새로운 돈으로 자산을 사게 되면 나라의 통화가 증가되지 않는가" 하는 것이다.

이에 대한 대답은, "정부가 발행하는 새로운 돈이 은행의 '통장 돈'과 치환(置換)되는 한, 1달러도 1엔도 통화량은 증가하지 않는다"는 것이다. 이 전환은 결국 은행의 컴퓨터상에 있는 상상의 돈을 실체가 있는 현실의 돈으로 교환하는 것을 뜻한다. 따라서 통화량이 증가하거나 감소할 까닭이 없다.

그런데 "통화가 증가되지 않는가"라는 지적의 이면에는, "정부가 새로운 돈을 무진장으로 남발하여 통화량이 급증함으로써 하이퍼인플레(hyperinflation)가 일어날지 모른다"는 우려가 있음을 쉽게 상상할 수 있다.

화폐의 창조자가 정부이건 민간은행이건 과도하게 만들어내면 하이퍼인플레를 초래할 위험성이 있다는 것은 배제할 수 없다. 하지만 그 가능성을 고려할 때에, 정부의 화폐 발행보다 민간은행의 신용창조 쪽이 안전성이 높다고 말할 수 있을까.

은행은 돈을 대출하고 금리를 획득함으로써 이익을 낸다. 은행은 매수 위험에 노출되지 않기 위해서, 당연히 단기적인 이익을 극대화하여 주식가격을 높게 유지하려고 한다.

한편, 정부는 국민이 관심을 갖고 그 행동을 감시할 수 있도록 정보를 공개할 의무를 지니고 있고, 국민에 의해 민주적으로 선출된 기관이다. 만일 이익추구를 목적으로 하는 민간기업 쪽이 국민이 선거로 뽑은 기관보다도 더 신용할 수 있다고 생각한다면, 우리는 보다 좋은 정부를 갖기 위해서 민주주의를 버려야 할 것이다. 이제 거꾸로, 내가 묻고 싶다. 만일 민주적으로 선출된 정부를 민간기업보다도 신용할 수 없다면, 어떠한 정부라야 신용할 수 있다고 생각하는가.

민간은행이 GDP의 10% 혹은 그 이상의 돈을 만든 것은 과거 40년 동안에 5년 정도였다. 1971년에 11%, 1972년이 15%, 1973년에 13%, 1988년에 10%, 1990년 11%이다. 평균적으로 보면, 1968년 이후 민간은행은 GDP의 약 6%에 해당하는 돈을 만들어 왔다. 이 데이터를 보면, 정부가 민간은행 대신에 새로운 화폐를 만들 때, GDP의 5~10%라는 틀 속에서 만든다면 별로 큰 문제는 일어나지 않을 것이다.

그러나 내가 그보다 좋다고 생각하는 방법은, 정부가 만드는 돈의 액수를 매년 징수하는 세금의 일정 비율 이내로 규제하는 것이다. 그 이유는 간단하다.

민주적으로 선거에서 뽑힌 정부가 증세를 하는 것은 어렵기 때문에, 법률에 의해 정부가 새로운 돈을 만들어낼 필요가 있다.

그렇게 한 뒤에 정부는 증세를 하면 된다. 그렇게 하면 정부가 만들어낸 지폐가 하이퍼인플레를 일으키는 일은 없을 것이다.

통계자료를 보면, 일본에서 과거 40년 동안 만들어진 화폐의 평균은 정부가 징수한 세금의 61%에 해당한다. 이 숫자에 의거하여, 정부는 그해의 징수액의 61%를 초과하여 새로운 화폐를 만들어내서는 안된다는 법률을 만들면 된다.

또 규제완화 이전(1968~1983년), 일본의 GDP는 매년 12% 성장해왔고, 동시에 만들어진 화폐는 정부, 민간은행 합쳐서 정부가 징수한 세금의 91%에 해당한다. 규제완화가 시작된 이후(1984년 이후), 일본의 GDP 성장률은 3%로 되고, 1년간 만들어진 화폐는 세수의 40%로 되었다. 그리고 과거 15년 동안에는 일본의 GDP는 증가하지 않고, 새로운 돈은 세수의 30% 정도가 되어왔다.

규제완화 이전을 고도성장에 따른 인플레 시대, 규제완화 이후를 디플레 시대로 구분한다면, 정부가 발행하는 지폐 액수를 그해의 50% 이내로 제한한다는 법률을 만들면, 정부지폐가 하이퍼인플레를 일으킬 부작용은 방지될 수 있을 것이다.

이와 같이 정부지폐의 무진장한 남발로 인한 하이퍼인플레 방지 방법은 얼마라도 더 생각해낼 수 있다. 따라서 "정부가 지폐를 발행한다면 연금술을 손에 넣는 것과 마찬가지이다. 제동을 걸 수 없게 되고, 화폐에 대한 신뢰가 떨어지고, 화폐가치는 폭락할 것이다. 정부지폐의 발행은 일본을 망하게 할지 모른다"는 우려는, 전혀 쓸데없는 기우라고는 할 수 없지만 적어도 현재

보다 위험성이 높다고는 말할 수 없다.

무엇보다 돈을 만들어냄(대출)으로써 이익을 내는 민간은행보다도 민주적으로 선출된 정부가 적절한 양의 돈을 만들어내면 안된다는 게 말이 되는가. 만일 우리가 스스로 선출한 정부를 신뢰하지 못한다면, 우리가 바라는 정부라는 것은 대체 어떠한 정부인가.

민간은행에 신용창조 기능이 없으면 경제성장이 저해되는가

"민간은행에 신용창조 기능이 없어진다면 실체경제가 발전하지 않는다"라는 것도 반대자의 대표적인 비판이다. 어떤 사람은 "메이지(明治)시대 같은 시대에 은행에 신용창조의 기능이 없었다면 기업이 성장을 했을지 의문이다"라고 말한다.

메이지시대에 대해서 말한다면, 나는 메이지시대에 대해서 일반적인 일본인만큼 애착을 갖고 있지는 않다. 아마 내가 미국에서 온 외국인이기 때문인지 모른다. 일본인들은 쇄국정책을 채택하고 있던 에도막부(江戶幕府)가 페리호의 내항(來航)을 계기로 개국을 하지 않을 수 없게 되어, 메이지유신이라는 일종의 혁명을 통해서 대전환을 했던 것에 '로망'을 느끼는 것 같다. 또한 그때 활약했던 사카모토 료마(坂本龍馬)를 비롯한 영웅들에게 동경심을 갖고 있는 것처럼 보인다. 오래 일본에서 살아왔기 때문에 그건 나도 알고 있다.

그러나 메이지시대의 지도자들은 일본에 정말로 좋은 일을 했던 것일까. 내게는 그들로 인해 에도시대에 숨 쉬고 있던 일본의 좋은 점들이 많이 손상돼버린 것처럼 생각된다.

예를 들면 복장(服裝). 그때까지 일본의 기후에 잘 어울렸던 의복을 한랭건조(寒冷乾燥)한 북유럽의 기후에 알맞은 양복으로 바꿔버렸다. 일본의 더운 여름에는 욕의(浴衣)나 사무에(作務衣: 예전 일본의 선승들이 잡무를 볼 때 걸쳤던 옷)만큼 쾌적한 것은 없다. 엄숙하게 넥타이를 메고, 이마에 흐르는 땀을 닦아가면서 고객을 찾아다니는 영업사원의 모습을 보면, 이 변화가 일본인들에게 과연 행복을 가져다주었는지 의문이다.

또 메이지유신을 일으켰던 사람들과 그 추종자들은 일본을 세계대전에 휘말리게 했다. 그렇게 하여 일본 인구의 약 5%가 전쟁에서 살해되었고, 1945년 패전 이후 70년 가까이 된 지금도 역시 일본을 공략한 미국에 의한 군사적 점령과 지배가 계속되고 있다.

더욱이 에도시대까지 완전한 독립국으로서 자급자족 경제를 실현하고 있었던 일본은 메이지유신 이후 대부분의 식량이나 에너지 자원을 수입에 의존하지 않으면 안되는 나라로 변화했다. 그것은 현재도 마찬가지이다. 수출중독이 된 일본은, 군사적으로 보호를 받는 데에 미국에 의존하고, 외교정책은 미국의 말대로 하고, 심지어 국내정책에서도 미국정부의 간섭을 허용하고 있다. 사회, 경제 그리고 가치관까지도 미국에 팔아넘기고 말았다.

이야기를 원래 줄기로 돌리자. 민간은행의 신용창조 기능이 억제되면 기업에의 자금 제공이 감소하고, 경제발전이 방해를 받을 것이라는 의구심에 대해서 말하면, 나는 그 영향이 별로 크지 않을 것이라고 생각한다. 왜냐하면 일본에서는 민간은행이 신용창조 기능을 갖고 있지만, 일본은행(중앙은행)이 민간은행들에 대해서 엄격한 창구지도(窓口指導)를 하고, 규제해왔기 때문이다.

창구지도란, 민간 금융기관이 기업에 융자를 할 때 일본은행이 그 금액 등을 직접 지도하는 것을 말한다. 문자 그대로 창구에서 금융기관 담당자와 상대하기 때문에 그렇게 불려왔다. 일본은행은 공식적으로는 인정하지 않지만, 융자에 관한 개별 조건 — 어떤 기업에 얼마나 융자를 해줄 것인가와 같은 구체적 조건까지 일본은행이 간섭하고 있다고 한다. 즉, 신용창조 기능은 민간은행이 갖고 있지만, 일본은행이 그것을 지배하고 일본의 통화공급을 통제하고 있는 것이다.

이 창구지도가 행해지고 있던 동안에는 일본이 입는 피해는 별로 크지 않았다. 그런데 창구지도가 폐지되고 많은 규제가 완화된 1980년대 중반부터 파괴적인 현상 — 부동산 거품, 주식 거품의 발생과 붕괴, 혹은 디플레 경제 등 — 이 나타나게 되었다.

이러한 상황을 보면, 민간은행이 신용창조를 자유로이 행한다면 경제가 순조롭게 돌아가고, 정부가 장악한다면 경제가 파괴된다는 주장은 근거가 없다. 오히려 정부가 통제(어느 정도까지이지만)하고 있던 시대 쪽이 경제가 잘 돌아갔고, 민간은행이 자유로이 행동할 때에는 위기적 상황이 몇 번이나 찾아왔던 것이다.

이 사실을 정확히 인식해야 할 것이다.

민간부문에서부터 투자가 감소할 것이라는 주장

위와 유사한 반론으로, 정부가 신규 통화를 발행하게 되면 민간부문에 대한 투자가 줄어들고, 공공사업에 부(富)가 집중될 것이라는 주장이 있다. 그러나 자원의 배분을 공공사업만으로 행할 필요는 없다. 정부는 신규 통화를 만들어 감세를 하거나 공적 채무의 상환에 사용할 수도 있다. 그렇게 함으로써 민간투자나 소비가 자극될 것이다.

또 설령 신규 통화가 공공투자에 사용되더라도 거기서 국내에 화폐가 유통됨으로써 민간부문에도 화폐가 순환하고, 민간부문의 투자나 소비로 연결될 것이다.

정부 발행의 새로운 돈이 민간투자를 감소시키는 것은 한정적인 분야에서만 그렇다.

은행이 약체화하고, 산업경쟁력이 낮아진다는 비판

민간은행을 비롯한 금융기관의 장래에 대해서도 비판이 있을 수 있다. 신용창조 기능이 박탈된 민간은행은 어떻게 될까?

위에서 말한 것처럼, 대출기관으로서의 대여 업무는 계속되지 않으면 안된다. 다만, 현재와 같이 무(無)에서 돈을 만들어내어 이자를 취하는 대여금이 아니라 투자가가 예치한 자금의 범위 내에서 대출하게 된다. 즉, 대출기관이 대여금의 원자(原資)로서 사용하는 것은 ① 자신의 돈(자기자본), ② 사채(社債)를 발행하여 조달한 돈, ③ 융자의 변제(辨濟)로서 받은 돈, 이 세 가지이다. 나는 장기적으로는 대출기관에의 투자가 증가하고, 그것을 이용하여 많은 대여 활동이 이루어질 것이라고 생각한다.

보통예금은 예금자가 언제라도 인출할 수 있고, 또 신용카드나 각종 지불 용도를 위해서 꺼낼 수 있는 등, 일상적으로 입출금이 자유로운 계좌이다. 은행은 그 보통예금을 가지고 대출할 수는 없다. 그 대신에 예금에는 이식(利息)이 붙지 않고, 보관료나 수수료를 취하게 될 뿐일 것이다. 그 때문에 즉시 사용하지 않는 돈을 갖고 있으면서 이자수입을 기대하는 사람은 대출기관에 투자를 하든가, 주식이나 투자신탁 혹은 리스크가 높은 금융상품으로 자금을 돌리게 될 것이다. 그리고 그중에서 가장 리스크가 낮은 보관방법이 대출은행에 예금하는 것이기 때문에 그것이 지금보다 많이 증가할 것이라고 생각하는 것이다.

따라서 신용창조 기능을 잃게 됨으로써 은행이 손해를 입게 되지는 않을 것이다. 오히려 안정된 통화시스템이 유지됨으로써 나라는 번영하게 되고, 은행도 이점(利點)을 향유하게 될 것이다. 큰 준비금으로 인해 발생하는 이익의 손실은 수수료나 그 밖의 것으로 벌충될 것이다. 그리고 은행은 뱅크런(bank run)이나 파탄의 위험으로부터 완전히 자유로워질 것이다.

그렇게 생각하면, 금융기관이 약체화하고 산업의 국제경쟁력이 저하될 것이라는 주장도 현실적이지 않다.

'100% 돈'이라는 아이디어를 반대하는 논자는, "이러한 시스템이 도입되면 민간은행이 해외로 나가버리고, 결과적으로 산업의 국제경쟁력에 큰 손상을 줄 것이다"라고 하지만, 과연 그렇게 될까.

지금은 민간은행이 대부라는 형태로 '통장 돈'을 만들어, 거기에서 이자라는 이익을 손에 넣고 통화량을 결정짓고 있다. 그러나 '100% 돈'이라는 시스템이 도입되면 국가기관이 필요한 통화량을 결정하고, 새로운 돈을 만들게 된다. 그것을 정부가 국내에 순환시키는 것이므로, 경기 동향을 좌우하는 통화공급에는 큰 변화가 없다. 그리고 인플레나 디플레가 되지 않도록 정부는 신중히 결정하게 된다.

그렇다면 설령 반대자가 주장하듯이 많은 민간은행이 해외로 나가버리더라도, 산업에 국제경쟁력 저하가 초래되도록 자금 공급이 감소되는 사태는 일어나지 않을 것이다. 단적으로 말하면, 설령 몇몇 민간은행이 국내시장을 단념하고 해외로 나가더라도 산업에 대한 영향은 없다고 할 수 있다.

현실적으로 민간은행을 비롯한 금융부문은 단기간에 '100% 돈'에 적응하고, 그 결과 경제도 국제경쟁력도 높아질 것이다. 적어도 국제경쟁력을 크게 저하시킨다는 것은 근거가 박약한 주장이다.

규제가 강화되면 경제가 잘 돌아가지 않을 것이라는 비판

원리적인 시장주의를 신봉하는 시카고학파 사람들에게는 지금까지 시장에 맡겨져온 민간은행의 신용창조가 취소된다는 것은 참을 수 없는 일일지도 모른다. 통화공급을 정부가 결정하는 것은 당치도 않다고 생각할 것이다. 그들에게는 규제는 악이며, 자유방임이야말로 모든 게 잘되는 최선의 방책인 것이다.

예를 들어, 루즈벨트 대통령이 시행했던 뉴딜정책이 실패했다는 논조를 펴는 미디어가 존재하는 것은, 시장원리주의의 영향을 강하게 받은 탓일 것이다. 그들은 높은 과세나 엄격한 규제는 기업과 경제에 해롭고, 뉴딜은 미국의 대공황을 장기간 끌어가면서 높은 실업률을 해결할 수 없었으며, 미국의 대공황이 종식된 것은 전쟁 때문이었다고 주장한다.

확실히 제2차 세계대전이 미국의 경기 확대에 기여한 것은 사실이다. 그러나 뉴딜정책 그 자체를 부정하는 것은 오바마 대통령이 사회민주주의적인 정책을 취하는 것을 견제하기 위한 목적이 있을 것이다.

1929년 월스트리트 대폭락을 계기로 미국은 오랜 불황, 즉 대공황에 돌입하였다. 1933년 3월, 루즈벨트가 대통령에 취임했을 당시에는 실업률이 25%까지 달하여, 대공황은 피크였다.

그러나 루즈벨트 대통령이 경기회복이나 고용확보 정책을 취하면서, 그때까지 3년간 거의 괴멸상태에 있었던 공업생산의 월

별 데이터는 최초의 3개월 동안 44% 개선되었고, 1936년 12월에는 1929년 폭락 전의 수준까지 회복되었다. 공업생산만이 아니라 GDP, 소비자지출 등도 1936년에는 폭락 전의 상태를 회복하였다.

그런데 어째서 뉴딜정책이 실패했다고 말하는가.

그것은, 이로써 미국 경제는 회복되었다고 생각한 루즈벨트가 1937년 5월에 공적 지출을 삭감했기 때문이다. 그리하여 미국의 경기는 재차 급격히 악화되었다. 그러나 그 후 정책을 원래대로 돌리자 다시 성장이 시작되었다. 그렇게 성장노선이 유지되고 있던 상황에서 1941년 일본에 의한 진주만공격이 일어나 미국의 참전이 개시되었던 것이다.

시장원리주의에 기초해서, 규제를 철폐하고 정부의 힘을 약화시키고자 하는 사람들에게는, 정부가 경제에 관여하는 뉴딜정책 같은 것은 어떻게 해서든 저지하고 싶은 정책일 것이다. 그러나 파탄에 빠진 대규모 금융기관들의 CEO가 그 구제를 위해 공적 자금이 주입(注入)된 이후에도 고액의 보수를 받고 있는 것을 보면, 탐욕에는 제동을 걸 필요가 있음이 누구의 눈에도 명백하다. 고용과 인플레 그리고 사회·정치적 안정을 위한 시책을 수행하는 일은 정부의 임무인 것이다.

미국을 모방해온 일본에 대해서도 완전히 같은 이야기를 할 수 있다. 국민의 무관심이 곤경을 자초하고 있다는 사실을 자각하고, 자본가가 아니라 대다수 국민을 위한 정책을 펴도록 정치가에게 요구하지 않으면 안될 때이다.

대중의 무지와 망설임

'100% 돈'으로의 전환에 대해서 은행이나 금융기관, 거기에 관여하고 있는 전문가, 학계, 정치가들은 강경하게 반대할 것이다.

그러한 세력에 대항하기 위해서는 이 개혁의 내용을 더욱 잘 알고, 반대자들은 단지 자신들의 기득권을 지키려는 것임을 사람들이 널리 이해할 필요가 있다. 인지도가 높으면 '100% 돈'의 중요성이나 정당성을 이해하는 것이 가능할 것이다.

실제로 정부 관리나 국회의원이라 할지라도 대부분의 사람들은 돈이 어떻게 창조되는지 모르며, 그 결과 무엇이 일어나고 있는지 모를 것이다. 그러한 사람들로서는 대부분의 돈이 민간은행에 의해 만들어지고, 그것이 은행의 이익이 되고 있다는 것을 믿지 않으려고 할지 모른다.

그러므로 재무장관이나 일본은행에 아래의 사항을 명확히 설명해달라고 요구하는 것이 중요하다.

· 새로운 화폐의 대부분이 어떻게 만들어지는가.
· 그렇게 해서 누가 이익을 얻고, 어떠한 문제가 발생하는가.

디플레가 진행돼온 일본에서는 정부지폐의 발행을 요구하는 목소리도 높아졌다. 이에 대해서 영국의 경제엘리트들은 "이 정책은 유럽에서는 피해야 한다, 비전통적인 접근방식은 하고 싶지 않기 때문에"라는 성명을 발표하고 있다. 전통적인 접근방식이라는 것은, 민간은행에 의한 불투명한 신용창조이다. 그들은 이 권익을 잃게 되고 정부가 통화발행권을 갖게 되는 상황에 두려움을 느끼고 있는 것이다.

지금 논의해야 할 것은 현재의 불투명한 통화창조 시스템을 그대로 유지할 것인가, 아니면 어떤 식으로 통화를 만들 것인가 그리고 현행 제도를 어떻게 개혁해야 할 것인가 하는 것이다.

되풀이하지만, 정부가 새로운 통화가 어떻게 창조되고 있는가를 설명하는 것이 우선 필요하다. 그리고 그 시스템에 대해서 어떠한 반대의견이 있고, 현재의 제도로 얼마만큼 은행이 이익을 취하는가를 말하고, 국민에게 돌아가야 할 이익이 어떻게 탈취되고 있는가를 설명할 필요가 있다.

제5장

'돈'은 과연 누구의 것인가

잘못 관리된 나라의 문제를 해결하기 위해서 정부가 가장 먼저
만들어내는 것은 통화 인플레이션이며, 그 다음이 전쟁이다. 양
쪽 모두 단기적인(그리고 허위의) 번영을 가져다주고, 영구적인
파괴를 가져다준다. 그러나 어느 쪽이건 정치적·경제적 궁지에
서 벗어나는 좋은 구실이 된다.

— 어니스트 헤밍웨이(노벨상 수상 작가)

미국 국채의 대량 구입이라는 거대한 리스크

카지노경제의 폐해에 대해서 생각하면, 일본은 커다란 폭탄을 껴안고 있다는 느낌이 든다. 그것은 일본이 미국에 거액의 대부, 그것도 달러로 돈을 빌려주고 있다는 현실 때문이다. 달러로 빌려준다는 것은 환(換) 리스크를 일본이 부담하지 않으면 안된다는 것을 의미한다.

예를 들어서, 1달러가 150엔에서 100엔이 되면, 일본에 상환되는 금액은 엔으로 환산하면 3분의 2로 가치가 감소하게 된다. 게다가 거액의 재정적자를 껴안고 있는 미국이 파산선언이라도 한다면 단 1엔도 돌려받지 못할지도 모른다.

나는 지금까지 몇 번이나 일본정부가 미국 국채를 얼마나 구입하고 있는가를 조사해보려 했지만, 일본정부는 그것을 국민에게 공개하지 않는다.

한편, 미국 재무성 홈페이지에는 일본이 7,000억 달러 이상의 미국 국채를 구입하고 있다고 공개돼 있다. 그러나 그 가운데 얼마를 일본정부가 보유하고, 기업이나 개인이 얼마를 보유하고 있는지는 알 수가 없다.

자료를 보면, 엔고(円高)가 되면 될수록 일본은 손해를 보고 있다. 예를 들어, 2008년에는 1달러가 113엔에서 94엔이 됨으로써 일본은 미국 국채를 약 11조 엔 잃었다. 11조 엔이라면 그해 일본의 소비세 징수액에 상당한 금액이다. 그러나 일본의 '민주적인' 정부는 이 중요한 사실을 유권자들에게 알려주지 않는다.

2008년 9월의 리먼사태 이후 미국정부는 세금을 써서 미국의 금융기관들을 구제했다. 예를 들어, 1년이 채 안되는 사이에 연방준비제도이사회와 재무성은 8.3조 달러 이상을 미국의 은행들을 구제하는 데에 투입했다. 이것은 일본이 과거 40년 동안 쌓아온 장기채무 잔고를 웃도는 금액이다. 한편, 연방준비제도이사회에 의한 통화공급(M2)은 2008년 12월 시점에서 거의 8조 달러에 이르렀다.

금융전문가는 "미국의 공적 채무와 개인 채무가 그 GDP의 4배 가까이나 된다는 것은 믿기 어려울 정도다. 미국과 영국은 사상 최대의 채무위기에 빠져있고, 거기서부터 벗어나는 현실적인 방법은 광범한 기업의 채무불이행, 차입금말소, 부채감소를 위해서 관리 가능한 수준까지 인플레를 일으키는 것이다"라고 말한다.

아프가니스탄 전쟁과 이라크 전쟁 그리고 리먼사태를 통해서 세계적인 달러 가치의 하락 경향의 흐름은 선명해지고 있다. 약간 되돌아가는 움직임이 없지는 않겠지만, 각 통화에 대한 달러의 가치는 앞으로 계속해서 하락할 것으로 생각된다.

이 하락률이 어느 정도 될 것인가를 시산해보면, 놀라운 수치가 된다. 달러가 10% 더 하락하면 일본이 보유하고 있는 미국 국채의 가치는 6조 엔 더 감소한다. 달러가 30% 내려가면 손실은 17조 엔 더 불어난다. 이것은 일본의 소득세 징수액을 웃도는 금액이다. 그리고 달러가 계속해서 60% 더 하락하면 일본이 입는 손실액은 33조 엔, 일본국 세수의 3분의 1에 상당한 금액을 잃게 된다.

이것은 일본이 보유하고 있는 미국 국채에 관계된 것만을 계산한 금액이다. 일본의 민간기업이나 공공기관이 미국에 대출해주고 있는 총액은 2조 달러라고 한다. 이것은 미국 국채 때문에 대부해주고 있는 금액의 3~4배에 이른다. 따라서 만일 미국달러 가치가 하락하면 일본 전체의 손실은 지금 말한 금액의 3~4배나 불어날 것이다.

대체 일본의 정치가와 관료, 재계를 주도하고 있는 사람들은 미국정부에 달러를 빌려주거나 혹은 달러로 표시된 '금융자산'에 자신들이 투자하고 있는 것이, 일본의 경제나 사회에 어떠한 영향을 미치는가를 이해하고 있는 것인가.

리스크를 회피하는 간단하고 확실한 해결책

이들을 해결하는 간단한 방법이 있다. 그러나 그것을 실행으로 옮기는 데에는 두 가지 큰 문제가 있다. 하나는 일본정부가 정말로 그것을 실행할 수 있는가 하는 것이고, 또하나는 정부가 그것을 실행하도록 일본국민이 명확한 의지를 정치적으로 표명할 수 있는가 하는 것이다.

만약 일본정부가 지금부터 미국정부에 돈을 빌려주고 싶다면 달러가 아니라 엔으로 빌려줄 수 있다. 그럼으로써 일본(의 납세자)이 아니라 미국정부가 환차손(換差損) 리스크를 부담하게 된다. 이것은 또한 미국이 달러 가치를 내림으로써 일본이 빌려준 것보다도 적은 돈을 상환하려고 하는 것을 방지할 수 있다.

생각해보면 미국은 다른 나라에 달러 이외의 통화로 돈을 빌려주지 않으며, 또 일본을 포함하여 어떤 나라의 은행도 자기 나라의 통화로만 돈을 빌려줄 수밖에 없다. 일본정부가 엔으로 미국정부에 돈을 빌려주는 것은 오히려 당연한 일이 아닌가.

이를 위해서는 일본은 달러의 가치가 더 내려가기 전에 미국정부에 다음 두 가지를 요구해야 한다.

첫째, 현재의 일본정부로부터의 미국정부에 대한 대부를 달러에서 엔으로 변경하는 것이다. '5,000억 달러 빌렸다'라는 차용증서를 '45조 엔 빌렸다'라는 차용증서로 바꾸도록 하는 것이다. 그렇게 하면 앞으로 아무리 달러 가치가 내려가더라도 미국정부는 일본정부에 45조 엔을 상환하지 않으면 안된다.

둘째, 과거에 비싼 엔, 싼 달러 때문에 일본정부가 입은 환차손에 대해서도 상환하도록 해야 한다. 특히 리먼쇼크 이후의 엔고(円高)분(分)에 대해서는, 리먼쇼크에 대한 책임은 미국에 있지 일본에는 없다는 점을 주장하여 강하게 요구해야 한다.

그럼에도 불구하고 일본정부가 이처럼 불공평한 혹은 바보 같은 방법으로 미국정부에 계속해서 돈을 빌려주는 이유는 무엇인가. 내가 생각하는 이유는 두 가지이다.

하나는 달러에 대한 엔의 가치를 유지하기 위한 것이다. 엔의 가치를 유지할 필요가 있는 이유는 일본의 수출기업을 돕기 위한 것이다. 수출기업은 비싼 엔, 싼 달러가 계속되면 수익이 감소하기 때문이다.

그런데 만일 그렇다면 이것은 극히 불공평하다. 일본의 수출액과 수입액은 거의 같아서 이와 같은 수출에의 보조는 일본의 수입기업에 악영향을 미친다. 또 수입품을 구입하는 모든 소비자에게 악영향을 미친다.

뿐만 아니라 모든 납세자에게 악영향을 미치게 된다. 왜냐하면 미국정부에 돈을 빌려줌으로써 일어나는 일본정부의 손실은 납세자 그리고 장차는 자손들이 세금으로 갚지 않으면 안될 것이기 때문이다. 어째서 수출기업을 돕기 위해서 수입기업, 소비자 그리고 납세자가 손실을 입지 않으면 안되는가.

일본정부가 미국정부에 달러를 계속해서 빌려주는 또하나의 이유는, 일본정부가 이미 미국정부에 대부해준 달러로 인한 손실을 최소한으로 억제하기 위해서일 것이다. 그러나 그것은 어리석은 짓이다. 도박꾼이 지금까지의 손실분을 되찾기 위해서 도박을 계속하여, 결국은 그 손실이 부풀어난 결과로 파멸하게 되는 어리석음과 같다.

미국에 대한 무진장한 대부, 그것도 달러로 빌려주는 것은 일본에 심대한 손실을 끼칠 뿐만 아니라, 장래의 리스크를 크게 증가시킨다는 점을 인식하지 않으면 안된다.

투기적 환거래에는 토빈세를 도입

제1장에서 이미 말했듯이, 2007년에는 1일에 32.4조 엔이 통화매매되었다. 일본의 1년간 무역액이 약 157조 엔인 것을 생각

하면, 불과 5일 동안의 통화매매액이 상품이나 서비스의 연간 무역액에 상당하는 금액이 된다. 바꿔 말하면, 엔의 연간 통화매매액의 1% 미만의 거래액으로 일본의 외국무역 전체를 포괄하고 있다. 즉 통화매매의 99%는 순수한 도박인 것이다.

이것은 극히 위험한 것이라고 말할 수 있다. 왜냐하면 만일 투기가가 투기에 의해 일본엔을 초엔고(超円高) 혹은 초엔안(超円安)으로 만들어 일본 경제를 붕괴시키기로 한다면, 연간 예산이 100조 엔 미만인 일본정부가 그것을 방지하는 일은 불가능하기 때문이다. 일본이라는 나라를 금융해적의 변덕이나 탐욕에 맡겨두어서는 안된다.

이와 같은 투기적 환거래의 확대에 대해서는 이코노미스트나 전문가들에 의해서 이전부터 우려의 목소리가 있었다. 1981년에 노벨경제학상을 수상한 경제학자 제임스 토빈도 투기적인 환거래의 위험성에 대해서 지적해왔다. 그는 환투기 억제를 위해 외국환 거래에 대해서 일정한 세금을 부과할 것을 제안했다. 그것이 '토빈세'라고 일컬어지는 것이다.

토빈에 의한 이 제안을 실현하기 위해서는 국제적인 합의가 필요한데, 이것은 금융해적의 거처인 미국이 반대를 하는 한 현재에도 장래에도 실현이 불가능할 것이다. 그러나 다른 나라의 합의가 없어도 한 나라가 자국의 통화에 대해서 이것을 시행하는 일은 가능하다.

나는 토빈세처럼 일본엔의 매매에 1% 과세하는 것을 제안한다. 즉, 엔의 매도자에게 0.5%, 매수자에게 0.5%의 세금을 부과하는 것이다. 투기가가 통화매매를 행하는 것은 1% 미만의 엔의 오르내림이라고 하는 극히 작은 움직임을 기대하는 것임을 고려하면, 토빈세를 부과함으로써 엔에의 투기는 완전히 없어질 가능성도 있다. 혹은 전부를 배제하지는 못하더라도 그렇게 함으로써 일본을 위태롭게 할 정도의 엔의 매매는 방지될 수 있다고 생각한다.

만일 그렇게 해서 엔의 통화매매가 크게 감소되지 않는다 해도, 일본정부는 연간 132조 엔의 세수를 얻게 된다. 그것만으로 현재의 지방세와 국세를 합친 세수 100조 엔을 크게 웃도는 세수가 된다.

이러한 세금을 부과하는 것은 일본의 수출입에 악영향을 미친다고 반대하는 사람이 있을 것이다. 그러나 수출입 총액은 통화매매의 불과 1%밖에 되지 않는다는 것을 생각해야 한다. 따라서 전체의 99%를 점하는 투기적 매매를 근절하기 위해서 1%에 부담을 지우는 것은 도리가 없다고 할 수 있다. 현실적으로 금융해적들이 일본의 통화를 투기의 대상으로 삼아 매매함으로써 환율이 격심하게 변동하고 있는 상황에서, 그 변동을 억제할 수 있다면 가장 이득을 보는 것은 수출입 기업이 아닌가.

일본정부는 일본국민이 물건을 구입할 때 5%의 소비세를 부과하고 있다. 물이나 식품과 같이 살아가는 데 필수적인 것들을 사는 데에도 우리는 5%의 소비세를 지불하지 않으면 안된다. 생활필수품, 아니 생존필수품에조차 세금이 붙는데, 엔의 투기적 매매에 1%의 세금을 물리지 않는다는 것이 있을 수 있는가.

금융파생품이나 투기적 주식거래에도 과세

금융파생품에 대해서도 토빈세와 같은 투기세를 부과하는 것은 금융파생품으로 도박을 하고자 하는 의욕을 꺾는 유효한 방법일 것이다.

과거 몇 번이나 미국 대통령선거에 출마를 했던 랄프 네이더도 그러한 세제의 도입을 제창했다. 그는 그렇게 함으로써 연간 5,000억 달러의 세수(현재 미국 국세 세수의 약 4분의 1)가 생기고, 투기가들이 자신이 지불한 세금으로 금융위기를 구제하도록 해야 한다고 주장했다.

되풀이하지만, 일본정부는 국민의 생명 존속에 불가결한 물이나 식품에도 5%의 소비세를 부과하고 있다. 금융파생품의 투기적 매매에 1%의 세금을 부과하지 못할 이유가 없다.

세계의 대부호 워렌 버펫의 파트너이며 그의 회사 '버크서 해서웨이'의 부회장이기도 한 찰리 먼거는 "'가장 안전한 거래'인 미국 국채를 제외하고 모든 증권거래를 할 때에 레버리지(총자본에서 타인 자본이 점하는 비율)는 50%로 제한해야 한다"고 주장하고 있다. 파탄한 '베어스턴스', '리먼브라더스'는 파탄 전에 자기자본 1달러당 30달러를 타인 자본, 즉 빌린 돈으로 투기를 하고 있었다. 나아가서 먼거는 월스트리트를 라스베이거스로 만들지 않기 위해서 시카고와 뉴욕의 옵션거래를 동일 수준으로 하여 모든 금융파생품 거래를 금지할 것을 제창하고 있다.

주식거래에 대해서도 마찬가지의 과세가 필요할 것이다. 앞에서 말한 것처럼, 일본의 증권거래소에서 거래되는 주식 가운데 불과 1%만이 기업이 새로이 자본을 모으기 위한 것이며, 나머지 99%는 순수한 도박이다.

2007년에는 거래액 752조 엔 가운데 불과 15조 엔(전체 거래의 1%가 되지도 않는)만이 기업이 신규 주식을 발행하여 모은 것으로, 737조 엔(99% 이상)은 이미 발행된 주식의 매매였다.

기업의 주(株)로 도박을 하는 것은 외국 통화나 파생품과 마찬가지로 사회에 부가가치를 제공하지 않고, 도박을 해서 이긴 사람만이 더욱 부자가 되고 진 사람은 돈을 잃을 뿐이다.

사회에 유통되는 돈의 양은 일정하다. 그 사회에 생산물이나 서비스를 제공하지 않음에도 불구하고 도박꾼의 손에 보다 많은 돈이 들어간다는 것은, 건강이나 행복을 위해 공헌하는 사람들의 몫이 줄어드는 것을 의미한다. 이것은 결과적으로 사회적 불균형을 심화시키고, 부의 격차를 확대한다.

이에 대한 대책으로, 다른 많은 나라처럼 그리고 1999년까지 일본이 했던 것처럼(유가증권거래세), 신규 발행 주 이외의 주식의 매매에 과세를 해야 한다. 주식의 매매에 1%의 세금을 물려도 주식거래는 감소하지 않으며, 일본정부에는 7조 엔의 세수가 들어오게 된다.

토빈세보다도 유효한 수단이 있는가

물론 토빈세 도입에 대해서는 '100% 돈'과 마찬가지로 반대의견도 있다. 그 가운데는 금융해적의 대변자에 의한 반대도 있지만, 토빈세보다도 효과적인 방책이 있다고 주장하는 반대론도 있다. 이 책에서 몇 번이나 소개해온 리처드 베르너는 후자의 입장에 서 있다.

나는 기본적으로 그의 의견에 찬성하지만 그래도 토빈세의 도입은 유효하다고 생각한다. 그가 어떠한 주장을 하고 있는지 그의 허가를 얻어 〈데일리요미우리〉에 기고한 기사의 개요를 소개하고자 한다.

과거 200년간 많은 이코노미스트나 오피니언 리더, 정치가들은 가장 중요한 것은 되풀이해서 일어나는 은행의 위기를 종식시키는 것이라고 말해왔다. 그럼에도 불구하고 은행위기는 반드시 일어났다. 특히 과거 40년간은 레이건, 대처의 규제완화에 의해 더욱 증가되었다. 그 해결책은 위기의 실제 원인이 무엇인가를 인식하는 것이다.

최근에는 은행에 반순환적인 자본자격을 요구하고, 레버리지에 제한을 가하며, 단기 금융거래에 토빈세를 부과하고, 보너스 규제, 헤지펀드를 제한할 것 등등이 제안되고 있다.

유감스럽지만 이들 제안에는 모두 결함이 있다. 그것들로는 반복적으로 일어나는 은행위기를 방지할 수 없고, 오히려 예기치 못한 마이너스 영향도 가져올 수 있다.

이들 제안에는 문제가 있지만, 은행위기를 종식시킬 수 있는 하나의 간단한 정책이 있다.

헤지펀드가 어떻게 운영되고 있는지 알고 있는가. 헤지펀드는 방대한 거래를 실행하는 거래조건 혹은 자동프로그램을 사용하고 있다. 헤지펀드업계의 큰 비밀은 그 복잡한 거래전략에도 불구하고 극히 적은 월차이익만을 목표로 하고 있다는 것이다. 예를 들면 0.1%라는 목표를 헤지펀드는 반드시 달성하려고 한다.

헤지펀드가 거래로 월차 0.1%의 이익을 내고, 투자가에게 10배 혹은 20배의 이익을 내게 하고, 또 자신들은 거액의 보너스를 챙기는 이 금융 연금술은 어떻게 이루어지는 것인가?

이것은 복잡한 파생품 전략도, 양적 분석에 의한 포트폴리오의 최적화도, 슈퍼컴퓨터에 의한 알고리즘 실행에 의한 것도 아니다. 몇 세기나 계속되어온 예전부터의 방식 — 은행으로부터의 대부로 행해지고 있는 것이다. 은행이 자금을 제공한다. 예를 들면, 투자펀드의 20배라는 금액을 대부하면 펀드의 부금(賦金)은 20배가 된다.

은행의 대부는 화폐창조이기도 하다. '부분준비제도'에 의해 은행은 원래 갖고 있지도 않은 돈을 빌려준다. 내 차를 누군가에게 빌려주면 그 사이 나는 그 차를 사용할 수 없다. 그러나 은행의 대출은 다르다.

은행은 돈을 대부하더라도 은행이 돈을 이동하는 것은 아니다. 무(無)에서 돈을 만들어 화폐공급량을 증가시키는 것이다.

현재의 금융제도는 민간의 은행에 의해 소유되고, 민간은행은 이렇게 돈을 만드는 특권을 부여받고 있기 때문에 이와 같은 일이 가능한 것이다. 그러나 이것은 모든 사람에게 큰 영향을 미친다.

화폐공급량의 약 98%는 이렇게 민간기업으로서 단기적인 이익을 추구하는 은행이 만드는 것이다. 그리고 이 특권을 오용함으로써 금융위기가 일어난다.

새로운 상품이나 서비스의 창조를 위해 사용되는 신용창조는 장기적으로 계속된다. 그것은 소득의 흐름을 낳고, 융자금을 상환하면서도 인플레는 발생시키지 않는다(돈이 창조되지만 제품이나 서비스도 제공되기 때문에).

그러나 유감스럽게도 은행은 선택지가 있다면 이와 같은 대부를 하지 않는다. 금융거래의 대부와 달리 이와 같은 대부는 은행의 대출 대장을 급격히 불어나지 않게 하고, 단기적인 이익도 그다지 생겨나게 하지 않는다. 따라서 은행가들에게 보너스를 지불해줄 수도 없다.

그래도 이 결함은 은행만의 책임은 아니다. 어떤 대부를 해야 하고 어떤 대부가 경제를 위한 것이 될지, 또 안정된 금융제도를 위해서 어떤 대부를 해야 할 것인지, 정부로부터 지도를 받지 않고 있기 때문이다.

다만 은행은 자신들이 단기적인 이익을 극대화하고 있다면 모두에게 좋은 영향을 준다고 말해왔다. 그리하여 은행은 그렇게 하면서, 투기적인 금융거래에 사용될 많은 크레디트(신용)를 만들어왔다.

그러나 이러한 신용창조는 관련된 금융 혹은 부동산의 가격을 올리고, 거품을 형성한다.

각 거래는 은행, 감독기관, 규제당국 등의 입장에서는 문제없는 것으로 볼 수 있다. 왜냐하면 상승하는 자산가격이 그것을 뒷받침하고 있기 때문이다.

그러나 그 가치들은 은행이 투기적인 대부를 함으로써 이루어진 상관관계에 불과하다. 따라서 투기적인 크레디트는 계속되지 않는다. 은행이 투기적인 은행융자를 제공하는 것을 중지하면 자산거품은 터진다. 투기가는 파산하고 은행도 함께 파탄한다.

나의 제안은 첫째, 투기가는 투기를 계속하도록 허용한다. 멈추는 것은 어려운 일일 테니까. 만일 시스템이 제대로 설계된다면 그 시스템에 의해 그들은 상처를 입게 될 것이다. 둘째, 그러나 투기 목적으로 사용되는 은행의 신용창조는 엄격히 규제한다. 헤지펀드에게는 자신들의 '레버리지'를 어딘가 다른 곳, 예를 들면 효율적이라고 말해지는 자본시장으로부터 입수하도록 만든다.

이렇게 하면, 토빈세나 엄격한 헤지펀드 규제는 불필요하고, 레버리지의 상한(上限)규제나 복잡한 반순환자본 조건도 불필요하다. 그냥 GDP에 들어가지 않는 거래인 '금융거래'를 위한 대부를 은행이 하지 못하게 금지시키기만 하면 된다. 그리고 은행 융자 포트폴리오는 돈을 빌리려는 사람에게 그 융자금의 사용처에 대해서 상세히 질문을 한다.

이는 은행으로서는 어려운 일이 아니다. 따라서 어떠한 대부는 좋고, 어떠한 대부는 좋지 않은지 엄격한 규정을 과하는 것이다.

이것이 마음대로 될 것인가? 실제로 많은 나라에서는 수십 년간 잘 행해왔다. 이와 같은 크레디트 통제는 새로이 만들어진 돈을 투기적으로 무익하게 사용하는 것을 규제하고, 신기술에의 투자 등 보다 생산적인 활동을 위해 사용하게 만든다. 그럼으로써 자산가치나 소비가격을 팽창시키지 않고 높은 성장으로 이어지게 하는 것이다.

일본이나 중국에 경제 기적을 가져다준 것은 이와 같은 크레디트의 할당과 통제였다. 그리고 이것이 금년(2009년), 중국이 위기에서 최초로 탈출한 이유이기도 한다. 중국은 크레디트 창조를 증대시키기 위해서 옛 일본의 방법인 '창구지도'를 행했다.

극히 최근까지 모든 중앙은행은 직접 은행 크레디트를 통제하고, 양적 규제와 질적 규제 양쪽을 행하였다. 왜냐하면 그것이 어떠한 경제에 있어서든 가장 중요한 거시(macro)경제의 요인이기 때문이다.

아이러니컬하게도 영국·프랑스·독일 정부는 금융위기 이후 은행이 소기업에 대부를 하려고 할 때 갖가지 유해한 직접통제방식을 행하였다.

비(非)GDP 거래에 관련된 은행의 크레디트 창조에 대해서 적절한 통제가 있었다면, 금융거품도 글로벌한 경제위기도 일어나지 않았을 것이다.

　　─ Richard A. Werner, "Restrict Speculative Credit to Prevent Banking Crisis", *The Daily Yomiuri* (2009. 10. 6.)

일본은행의 국유화 그리고 창구지도의 부활

베르너가 말한 것처럼, 일본은행의 창구지도 부활이 필요하다는 것에 대해서는 나도 완전히 동감이다. 일찍이 일본이 기적의 경제부흥을 이룬 배경에는 정부, 대장성(大藏省), 일본은행이 연대하여 은행의 화폐공급과 크레디트 할당을 엄격히 관리한 창구지도가 큰 역할을 했다. 심하게 말하면, 바로 창구지도가 있었기 때문에 고도 경제성장기에 안정된 경제상황을 유지하는 게 가능했다.

고전적인 텍스트인 《열광, 공황, 붕괴 ─ 금융공황의 역사》의 저자 찰스 킨들버거(1910~2003, 전 MIT 경제학 교수)는 규제 없는 금융제도라는 문맥 속에서 일어나는 금융위기를 '되풀이해서 소생하는 다년초'라고 부르고 있다. 킨들버거는 1725년 이후 서구 자본주의경제에서 평균 약 8년 반마다 금융위기가 일어났다고 말하고 있다.

많은 이코노미스트들은 이 금융위기의 주된 원인은, 실체경제에서 필요한 것 이상의 돈이 창조되기 때문이라고 주장한다. 과잉으로 돈이 창조되면 실체경제에서의 제품이나 서비스 가격이 인플레로 되거나 혹은 카지노경제에서 '자산'이라고 불리는 것의 가격이 팽창한다. 그것이 거품이 되고, 이윽고 붕괴하여 큰 경제위기를 초래하게 되는 것이다.

그 증거로 1929년의 주식 대폭락 후 1930년대에 일어난 세계 공황 후에, 미국이나 기타 선진국에서는 엄격한 금융규제가 시행된 이후부터 규제가 다시 철폐되기 시작한 1980년경까지 금융위기는 일어나지 않았다.

리처드 베르너가 《엔(円)의 지배자》에서 쓰고 있듯이, 일본 경제도 1980년대 중반까지는 심각한 금융위기에 직면하지 않았다. 그것은 일본은행이 창구지도를 통해서 돈의 창조나 대부를 엄격히 규제했기 때문이다.

이 사실은 우리에게 중요한 것을 시사하고 있다. 실체경제를 약탈하고 해를 끼치는 카지노경제를 없애거나 약화시키기 위해서, 우리는 1930년대에 만들어지고 1980년경에 완화·철폐된 금융규제를 다시 부활시킬 필요가 있다. 그것을 위해서 '100% 돈'을 실시하고, 일본의 통화공급을 통제하는 능력을 정부에 되돌리지 않으면 안된다.

그러나 그것만으로는 충분치 않다. 나는 그 이상의 것이 필요하다고 생각한다. 그 하나가 일본은행에 의한 감독이다. 적어도 1998년의 금융규제완화를 철회하고, 은행에 대한 일본은행의 창구지도를 부활하는 것이 필요하다.

일본은행이라는 명칭 때문에 많은 사람들이 그것을 정부기관이라고 오해하지만, 실은 일본은행은 정부로부터 독립한 특수법인으로서 주식도 '자스닥'(JASDAQ : 오사카증권거래소가 운영하는 일본 주식시장)에 상장(上場)되어 있다. 일본정부는 일본은행 주(株)의 55%를 보유하고 있지만, 나머지 45%의 주주가 누구인지는 정부도, 일본은행도 국민에게 알려주지 않는다. 45%의 일본은행 주를 보유하고 있는 게 JP모건인지, 시티뱅크인지 혹은 노무라(野村)증권인지, 민주주의국가라고 일컫는 나라의 주권자인 국민이 모르고 있는 것이다.

실제로 일본은행은 기묘한 기관이다. 아래는 일본은행 홈페이지로부터 인용한 것이다.

일본은행은 우리나라 유일의 중앙은행입니다. 일본은행은 일본은행법에 의해 그 존립 방식이 정해져 있는 인가 법인이며 정부기관이나 주식회사는 아닙니다.

(중략)

정책위원회

일본은행에는 최고 의사결정기관으로서 정책위원회가 설치되어 있습니다. 정책위원회는 통화 및 금융의 조절에 관한 방침을 결정하는 것 외에도 기타 업무 집행의 기본방침을 정하고, 임원 (감사 및 자문역 제외)의 직무 집행을 감독하는 권한도 갖고 있습니다.

현재 정책위원 가운데 두 명은 일본은행 출신자이고, 두 명은 대학교수 그리고 네 명은 일본은행이 규제해야 할 민간 금융기관이나 민간기업 출신자이다. 정책위원 중에는 노동자의 입장을 대변할 수 있는 사람, 노동자의 필요나 요망을 제안할 사람은 단한 명도 없다.

나는 일본정부가 일본은행의 나머지 45%의 주식을 매입하거나 몰수하거나 하여, 일본은행을 인가 법인이 아니라 재무성의 일부로 재편할 것을 제안한다. 그리고 민주주의국가에서 유권자를 위해 책임 있는 행동을 취하는 조직으로 일본은행을 변경해야 한다고 생각한다. 물론 이를 위해서는 국민 자신이 민주시민으로서의 책임을 다할 것을 요구받는다는 것은 말할 것도 없다.

만일 재무성의 일부분으로서 일본은행이 창구지도를 재개한다면, 실체경제를 습관적으로 위협해온 카지노경제를 없애거나 혹은 그 영향을 크게 줄일 수 있을 것이다.

고용 유지야말로 일본적 경영의 진수

2000년에 《'능력 없는 자는 가라'로써 일본은 정말로 소생할 수 있는가》라는 책을 평론가 에사카 아키라(江坂彰) 씨와의 대담형식으로 출판했다. 종신고용이나 연공서열에 의해 활력이 둔화된 일본기업에서 능력주의를 채택하는 것이 유일한 부활의 길이라고 말하는 에사카 씨와, 능력주의로 되면 빈부격차가 확대되고, 능력주의를 도입하는 경영자는 사기꾼이나 바보라고 말하는 나 사이의 논쟁이 담긴 책이다.

시대는 디플레 불황이라는 말이 뜻하는 것처럼, 그 극복을 위해 규제완화가 행해지고, 미국식 경영 수법이 칭송되고 있었다. 말할 것도 없이 이 책의 출판 당시에 시대의 추세에 따르고 있던 것은 에사카 씨 쪽이었다. 나는 시대착오적인 낡은 경영자로서 비쳐졌을 것이다. 겸손이 아니라 독자들로부터의 반향도 대개 그러한 것이 많았다.

그 후 10년이 경과했다. 지금 독자 여러분은 어떻게 생각하는가. 미디어의 강력한 후원에 의한 능력주의나 규제완화라는 대합창 속에서 미국식의 경영수법은 당연한 것이 되었다. 그런데 그것이 정말로 일본과 일본국민에게 좋은 결과를 가져다주었다고 생각할 수 있는가.

나는 갈수록 상황이 악화되고 있다고 생각한다. 규제완화라는 이름으로 1980년대 중반부터 시행된 개혁 중에서 가장 심각한 경제 개악의 하나는, 실업률을 50~60%나 증가시킨 점이다. 특히 1999년의 노동자파견법 개정은 파견업종을 확대하여 제조업에서도 파견노동이 인정되도록 하였다. 그 결과 비정규 노동자가 급증하고, 업적 악화에 의한 해고로 많은 노동자가 일자리를 잃게 되었다. 현재 일본에는 270만 명이나 되는 실업자가 있고, 생활보호대상 세대는 13% 증가하고, 범죄 건수는 25% 증가, 자살자 수는 35%나 증가했다.

이것이 일본 경제가 활력을 되찾은 모습인가. 쓰고 버리는 노동자를 양산하고, 고용조정을 위해서 간단히 목을 자르는 것이 일본의 경제나 사회를 위한 일인가.

지금 나는 사람들에게 묻고 싶다. 미국식 경영을 도입하여 행복해졌는가. 삶은 풍요로워졌는가. 사회에 활력이 주어졌다고 할 수 있는가.

아주 최근까지 인구 감소로 부족한 노동력을 보충하기 위해서 외국인노동자를 경제정책의 기둥으로 삼자고 하던 일본 게이단렌(經團連)은 파견노동자들로부터 '고용과 생활을 지켜줄 것'을 요청받고 있다. 날품팔이 파견노동의 비참한 실상도 미디어에서 보도되는 일이 많아졌다.

현재 일본의 실업문제는 심각하다. 그러나 이러한 상황도 해결할 방도가 있다. 그것은 정부가 일할 의욕이 있고 지금 바로 일할 수 있는 비자발적인 실업자에게 고용을 제공하는 방법이다.

'최후의 고용자는 정부'라는 사고방식

거의 모든 일본인은 자신이나 가족을 위해 일하지 않으면 안 되지만, 자본주의사회에서 완전고용은 제공되지 않는다. 그리고 노동자 대부분이 소속돼 있는 민간기업에는 완전고용을 보증할

책임이 없다. 유일하게 그 책임을 지고 있는 것은 정부이다. 따라서 정부가 고용자가 되는 게 도리이며, 완전고용을 실현하기 위해서는 그렇게 되는 수밖에 없다. 그것이 '최후의 고용자' (ELR : Employer of Last Resort)라는 사고방식이다.

이 ELR에 관한 상세한 것은 미국의 경제전문지《달러&센스》 (2008. 3.)에 게재된 미주리대학 박사과정 학생 라이언 도드의 논문("A New WPA? — An Introduction to the Employer of Last Resort Proposal")을 보면 매우 이해하기 쉽다. 아래에 이 논문을 근거로 ELR의 기본적 생각을 소개하고자 한다. 도드는 이렇게 말하고 있다.

ELR이라는 제안은 매우 단순한 생각이다. 자본주의경제에서는 대부분의 사람은 생활을 위해서 민간의 고용주에게 의존하고 있지만, 완전고용 보장이라는 책임을 지고 있는 것은 정부뿐이다. 그것은 유엔 세계인권선언에서도 고용의 권리와 함께 말하고 있다. 완전고용의 책무는 1946년의 고용법, 1978년의 험프리-호킨스법에서도 당연한 것으로 간주되어 있고, 미국정부의 공식 정책이 되어 있다.

즉, 정부가 완전고용의 실현을 위해서 진력하는 것은 국제적으로 당연한 일로 — 적어도 공식적으로는 — 인식되어 있고, 미국정부도 그것을 받아들이고 있는 것이다.

ELR은 논자에 따라 다양한 내용이 있지만, 기본적으로는 "참가자에게 기본적인 기간사업으로부터 환경과 관련된 일에까지 지역사회를 개선하는 온갖 프로젝트"에 종사하도록 하는 것이다. 또한 "많은 ELR 제창자는 프로그램에 필요한 자금은 본질적으로 국가 수준에서 제공되지만, 프로젝트의 계획과 수행은 지역 자치체나 비영리조직에 의해 분산적으로 이루어질 것을 제창하고 있다"고 한다.

정부가 실업자를 고용하는 이 ELR이라는 프로그램에 대해서는 몇 가지 의문이 있을 것이다. 가장 큰 의문은 "ELR 프로그램이 대폭적인 증세나 폭발적인 재정적자를 가져오는 것은 아닌가"라는 것이다. 일을 원하는 실업자에게 일을 주고 임금과 수당을 지불하는 데에는 막대한 돈이 필요하다. 그 자금을 염출하는 데에는 적자국채를 발행하여 나라의 빚을 더욱 크게 하거나 대폭적인 증세를 하는 것밖에 방법이 없다는 얘기이다.

이러한 의문에 대해서 ELR 제창자들은 다양한 방책으로 실현 가능하다고 주장하고 있다. 그 내용은 각기 다르지만 공통적인 것은 ELR이 사회에 가져다주는 이익은 지출을 웃돈다는 것이다. 도드는 다음과 같이 설명한다.

실업상태의 노동자의 존재는 사회의 순손실이 된다. 잃어버린 소득, 잃어버린 생산성 그리고 오랜 실업상태에 의한 정신적 스트레스와 사회적 스트레스. 그러한 사람들이 일을 하게 되면 소득이 증가하고, 개인과 사회 전체의 평온이 증대된다. 그런 의미에서 순이익이 된다. 사회 전체라는 시각에서 보면 ELR 프로그램으로 인한 손실은 실제로 제로이다.

ELR 프로그램의 직접적 비용을 산정해보면, 매년 필요하게 되는 것은 GDP의 1%도 되지 않는 금액이라고 한다. 미국의 경우를 보면 2006년에 ELR 프로그램을 실시한다면 필요한 비용은 1,320억 달러 혹은 국가예산의 약 5% 정도였다. 이것을 실현 가능한 수치로 볼 것인가 말 것인가를 판단하는 데 참고해야 할 것이 있다. 그것은 같은 해에 미국정부가 이라크와 아프가니스탄 전쟁에서 1,200억 달러 이상을 사용했다는 사실이다. 게다가 이 수치에는 전쟁에서 잃어버린 인명이나 부상자, 퇴역군인의 건강보험 등 장차 발생할 비용은 포함돼 있지 않다.

한편, 사회가 받는 이익은 구체적으로 어떠한 것일까. 도드의 논문을 참조해보자.

ELR 프로그램으로 노동자는 (공원이나 거리의 미화, 무료 탁아소 등) 공공인프라의 유지·보강 그리고 사회의 생산고를 증대시킴으로써 사회 전체에 이익을 가져다준다.

사람들이 교육이나 훈련 프로그램에 참가하도록 하여 이들 참가자들의 생산성을 올리는 것으로써 ELR 프로그램은 경제 전체의 비용을 실질적으로 삭감시킨다. ELR 참가자에게는 임금이나 수당이 지불되기 때문에 푸드스탬프(정부가 빈민구제를 위해 발행하는 식권), 현금지원, 실업보험 등이 줄어들기 때문이다. 말할 것도 없이, 일하는 것이 불가능한 사람들에게는 이러한 지원·보호

대책을 계속할 수 있다.

자본주의경제에서 비자발적 실업자에 대해서는 '자기책임'이라고들 말한다. 그 때문에 실업자는 필요한 재능이나 기술이 없다든지, 일자리를 찾아 일을 계속할 의욕이 결핍돼 있다는 비난을 듣는다. 그래서 급속히 글로벌화하는 경제에서 노동자를 '인적 자본'으로 보고 능력을 증강하는 것을 목적으로 한 정책이 추진되고 있는 것이다.

하지만 정말 그런가. "그와 같은 정책으로는 교육으로 무엇인가를 달성하더라도 단지 실업과 빈곤을 보다 균등히 재분배할 뿐이다"라고 많은 ELR 제창자들은 주장한다. 실제로 미국 노동통계국에 의하면 2007년 8월의 실업자 수(일자리를 찾는 것을 단념하거나 능력을 충분히 발휘할 수 있는 일을 갖지 못한 사람도 포함)는 1,640만 명이었지만, 구인(求人) 수는 그 4분의 1인 겨우 410만 명밖에 되지 않았다. 인적 자본에 아무리 투자를 하더라도 충분한 일자리가 없는 상황은 달라지지 않는다.

실업대책으로서의 공공사업을 제기하는 사람도 있을지 모른다. 지금까지도 공공사업으로 고용을 창출하고 사회에 돈을 환류시켜왔던 게 아닌가. 그것과 어떻게 다른가. 그러나 ELR 제창자들은 공공사업으로 사회에 돈을 돌리는 케인즈적인 접근방식도 명확히 부정한다. 왜냐하면 공공사업 중심의 케인즈적 접근방식은 유복한 개인이나 유력한 기업을 더 부유케 하고, 빈부격차를 확대하기 때문이다.

케인즈 방식은 정부원조로부터 이익을 얻는 업계에 있는 고소득 노동자에게 특권을 주는 경향이 있다(무기 제조나 기타 군수산업의 경우가 많다). 예컨대 냉전시대의 정부지출 증가의 대부분은 하이테크, 자본집약형 판매독점 분야였다. 자본집약형 산업은 비교적 소수의 노동자밖에 필요로 하지 않는다. 따라서 정부지출에 비하여 미미한 고용밖에 창출하지 않는다. 이 정책으로는 저임금 실업자는 어차피 경제가 확대된 이후 대기업이 크게 돈을 번 뒤 남은 부스러기를 갖는 정도밖에 바랄 수 없다.

그에 반해 ELR 프로그램은 바로 비자발적 실업을 없애는 수단을 제공한다. 남은 부스러기가 흘러내릴 때까지 기다리는 것도 아니고, 남에게 갈 돈을 뺏는 것도 아니다.

동시에 ELR 제창자들은 "프로그램은 국가경제의 민간부문이 순환적으로 변동할 때의 자동적인 안정제로서 작용한다"고 주장한다. 경기후퇴기에는 해고가 증가하기 때문에 민간부문에서 고용을 찾는 것이 어려워지고, 따라서 ELR 프로그램 참가자가 증가할 것이 예측된다. 경기회복기에는 반대 현상이 일어나서 ELR의 최저임금을 웃도는 임금을 제공하는 고용이 민간부문에서 간단히 만들어지고, 사람들은 거기로 몰려가게 될 것이다. 그 결과, "이러한 정부 프로그램으로 소득의 저하와 실업에 하한선이 설정됨으로써, 민간부문에서의 활동의 변동을 완화시킬 수 있다"고 말하는 것이다.

이와 같이 정부가 바로 고용한다면 완전고용이 보장될 수 있다. 임금은 최저임금이 될 것이지만, 정규고용을 잃어도 일을 잃지 않는 안전망이 만들어지는 것이다.

그런데 만일 일본에서 ELR 프로그램을 도입할 경우 어느 정도의 비용이 들 것인가. 2009년 5월 시점에서의 실업자 수 270만 명을 근거로 계산해보자. 평균 최저임금은 시급 703엔, 가장 높은 도쿄에서는 시급 766엔이다. 이를 기준으로 하루 8시간, 주 5일, 연간 2,000시간 고용을 한다면, 1년간 비용은 4조 엔이다.

이 몇 년간 소비세 세수는 12~13조 엔이기 때문에 그 3분의 1 정도의 금액이 되는 셈이다. 소비세가 본래 사회보장비의 재원인 것을 생각하면, 이런 식으로 사용하는 것은 극히 정당한 것이라고 나는 생각한다. 다른 사람의 생각은 어떨지?

누구를 위한 규제인가, 무엇을 위한 규제인가

지금까지 나는 '100% 돈'의 도입, 토빈세의 도입, 일본은행 국유화와 창구지도의 부활 그리고 마지막으로 '고용자는 정부' 등 금융규제 강화, 안전망 강화를 제안했다.

일련의 규제완화가 금융해적의 활동의 장을 넓혀주고, 그것이 거듭된 거품의 발생과 붕괴 그리고 금융공황을 초래한 것은 틀림없다. 잘못된 규제완화는 고쳐지지 않으면 안된다. 그러나 오해가 없도록 하는 말이지만, 나는 모든 규제를 강화해야 한다고 생각하는 것은 아니다. 규제를 강화하면 만사가 잘되고, 완화하면 붕괴로 향할 것이라는 것은 아니다.

일찍이 고이즈미 내각이 행한 구조개혁에서는 철저히 규제를 배제하고 '시장원리', 즉 돈을 벌기 위한 경쟁에 모든 것을 맡겼다. 예를 들면, 노동법의 규제완화로 제조업에서의 노동자 파견사업이 인정되었다. 이로 인해 노동자의 고용은 일거에 불안정해지고, 비정규직이 급증하고, 그 격심한 경쟁으로 얻어진 이익은 기업 경영자나 주주 같은 사람들의 손에 건네졌다. 그렇다고해서 규제철폐를 지지하는 것은 보수파이고, 혁신파는 규제강화를 요구한다고는 말할 수 없다.

실제로 보수파가 반드시 규제완화를 지지하는 것은 아니고, 혁신파도 규제를 강화하자고 말하는 것도 아니다. 세계를 둘러보면, 보수파는 사회의 상층부에 이익이나 소득을 돌리는 구조를 지지하고, 혁신파는 가능한 한 평등을 보장하는 구조를 지지하고 있다.

즉, 부유층의 이익을 대변하는 자는 부유층에게 이익이 된다면 규제완화에 찬성도 하고 규제강화에도 찬성하는 것이다.

비근한 예로, 특허나 저작권 정책이 있다. 그것들은 규제의 일종으로 시장원리를 배제하기 때문에 정부가 보호정책을 행하고 있다.

'자유시장'의 나라 미국에서 정부의 강력한 특허규제를 통해 보호받고 있는 분야의 하나가 의약품이다. 미국에는 전 국민에 대한 보편적 국민보험제도가 없고, 국민의 15% 이상이 건강보험에 가입하고 있지 않다. 공적 보험에는 메디케이드(Medicaid : 저소득층 의료보조제도)와 메디케어(Medicare : 고령자 의료보험제도)가 있지만, 치료비 일부와 몇몇 처방약밖에 포함되어 있지 않다. 고가의 약을 사지 않으면 안되는 경우는 가난한 사람들에게 큰 부담이 되고 있다. 만일 의약품이 시장경쟁원리로 판매된다면 가격은 더 내려가겠지만, 규제 덕분에 고가(高價) 브랜드 의약품은 효과적으로 가격을 유지할 수 있다.

약의 개발에는 거액의 비용과 방대한 시간이 걸린다. 그 때문에 선발 기업이 신약을 개발한다면 자본을 회수하기 위해 특허권이 필요하다는 논리가 통하고 있다. 그래서 여기에 국가가 개입해야 한다는 것이다. 그러나 국가의 역할은 대다수 국민이 안심하고 살도록 하는 것이다. 그것을 전제로 특허를 포함한 모든 규제를 재고해야 한다.

예를 들면, 개발된 약을 정부가 매입하여 저가격으로 제공하는 방법도 있을 수 있다. 혹은 정부가 개발비용을 부담하고, 모든 성과를 정부가 차지해도 좋다. 실제로 미국정부는 국립보건연구소에 연간 300억 달러의 연구비를 지원하고 있다. 이 금액은 제약회사의 연구개발비와 같다. 지원을 600억 달러로 한다면, 많은 국민에게 싼 약이 제공될 수 있는 것이다. 이것을 보면, 특허라는 시스템이 국민이 아니라 제약회사에 이익을 가져다주는 것임을 알 수 있다.

컴퓨터업계에서는 빌 게이츠가 저작권 덕분에 세계 제1의 부자가 되었다. 세계 전체 90%의 컴퓨터가 사용하는 OS(컴퓨터 운영시스템)의 독점을 정부가 허가해주고 있기 때문이다. 빌 게이츠 한 사람이 미국 국민 최하위 45%가 가진 부의 합계를 웃도는 부를 손에 쥐게 된 것이다. 이와 같은 부의 불균형을 가져오는 규제나 정부의 보호는 제거해야 한다.

금융규제를 재고할 때 규제의 시비를 논하는 핵심은, 그 규제가 누구를 위한 것인가 하는 시각이 되어야 한다. 규제 없는 약육강식의 사회는 누구도 바라지 않지만, 그러나 규제로 인하여 부가 사회 상층부, 강자의 손에 집중되는 구조로 되는 것도 우리는 경계하지 않으면 안된다.

다시 말하면, 우리는 자유와 제한에 대해서 의식하고 생각하지 않으면 안되는 시점에 도달했다. 규제완화는 자유롭게 행동하라는 것이다. 그 분야에 대해서 정부는 관여치 않는다. 그것은 얼핏 아름다운 이야기 같지만, 엄혹한 약육강식의 세계를 가져오는 일면도 갖고 있다. 힘과 돈을 가진 자가 더욱더 이익을 탐하는 상황을 만드는 것이다.

일부의 부유한 자가 가난한 자들로부터 계속 수탈하는 세계를 원할 것인가 아니면 거기에 규칙을 설정하여 탐욕스런 행위에 제한을 가할 것인가. 국민 개개인이 이것을 숙고하고, 자신의 결론을 내려야 할 때가 아닌가.

돈에 갇힌 마음으로부터 벗어나기

우리는 금융해적들이 하는 짓을 보아왔다. 서브프라임 대출 파탄으로 시작된 리먼쇼크는 금융해적들의 야비한 돈벌이 방식을 백일하에 드러냈다.

거액의 손실을 낸 결과에 대해 책임을 지고 사임한다는 경영자가, 거액의 보너스를 손에 넣고 회사를 떠난다. 또 공적 자금으로 구제를 받은 금융기관이, 지나치게 높은 임원들의 보수가 비판의 대상이 되었음에도 불구하고 또다시 업적 회복을 이유로 임원들에게 거액의 보수를 지불하고 있다. 그들의 탐욕스러움은 경악할 만하지만, 동시에 그것은 바로 앵글로색슨 자본주의의 정체라고도 할 수 있다. 조직도, 사람도 유일한 목적은 돈 — 한 푼이라도 더 많은 돈을 손에 넣는 것이다.

경영자에게 거액의 퇴직금을 지불한다는 계약을 사전에 주고받는 것을 '골든 패러슈트(golden parachute)'라고 한다. 이것은 근년에 일본에서도 화제가 되고 있는 기업 인수합병(M&A)에 대한 방어책으로서 언급되어왔기 때문에, 들어본 독자도 있을 것이다. 매수자가 경영자를 해임시키려고 하면 거액의 퇴직금 지불 이행이라는 의무가 있기 때문에 기업 매수 의욕이 줄어든다는 논리이다.

'골든 패러슈트', 즉 '황금 낙하산'이라는 것은 과연 미국의 비즈니스 엘리트들이 생각해낼 만한 아이디어이다. 회사를 비행기에 비유한다면, 경영자만이 황금 낙하산으로 탈출하는 셈이다.

탐욕 때문에 단기적 이익을 추구한 나머지 돌려받지도 못할 돈을 '서브프라임'이라는 이름을 붙여서 투기에 전용한 경영자가 거액을 손에 넣고 회사를 떠나는 것은 '도둑에게 웃돈을 챙겨주는' 것 이외에 아무것도 아니라고 나는 생각한다. 서브프라임 위기로 주식시장으로부터 사라진 자금은 상품시장으로 유입되어 원유가격을 올렸다고 말해지고 있다. 하지만 그것만이 아니라 거액의 돈이 극소수 CEO들의 주머니로 들어가버린 것도 사실이다.

뿌리에 있는 인간의 욕망과 어떻게 맞설까

서브프라임 비극은 아무것도 없는 데도 '돈을 창조할 수 있는' 은행이, 상환능력이 없는 사람들에게까지 대출을 하여 주택을 사게 하고, 주택을 산 사람은 그 집의 가치가 오르면 팔아서 빌린 돈을 갚고, 남은 돈으로 또 집을 사고, 그것이 값이 오르면 또 팔아서…. 이런 환상을 믿게 함으로써 발생한 것이다. 그러나 그러한 것은 영원히 계속될 수 없다. 적지 않은 사람들이 그것을 환상이라고 의식할 때 버블은 터진다. 그러면 사람들은 집을 잃고, 은행은 엄청난 불량 채권을 껴안게 된다.

'화폐 창조'라는 역사적인 관습, 아니 역사적인 사기행위로 차지하게 된 이권(利權)을 구사하여 은행은 '무'에서 '유'를 만들어내는 일을 계속해왔다. 그것은 신용창조라는 그럴듯한 이름이 붙여져서 경제발전의 기초가 되어왔다.

하지만 현실적으로 돈은 사람들의 행복과 건강을 향상시키는 산업을 위해 쓰이기보다 단기간에 많은 돈을 벌 수 있는 도박 비즈니스로 유입되어, '투기 머니(money)'를 거대하게 팽창시켜 왔다.

이러한 '투기 머니'의 거대화를 방지하고, 경제를 안정화시키기 위해서 정부는 화폐 창조의 권리를 회복하여 '100% 돈'을 실시해야 한다. 이것이 이 책에서 내가 말해온 주장의 개요이다.

화폐 창조의 권리를 민간은행으로부터 관으로 옮겨서 '100% 돈'을 실현하기 위해서는, 금융시스템의 대대적인 변혁이 필요하다. 그러나 시스템이 새롭게 바뀐다고 해서 모든 게 잘 돌아가는 것은 아니다. 시스템을 운용하는 것이 인간인 이상, 우리의 의식도 바뀔 필요가 있다.

많은 이익을 노려서 경제를 카지노화한 것은 무엇인가?

보다 많은 돈벌이를 위해서 선정적인 광고홍수를 일으키고 소비를 자극한 것은 무엇인가?

유한한 것이라고 알려진 자원을 무제한으로 쓰면서 경제적인 성공을 노리는 것은 무엇인가?

말할 것도 없이, 우리들 자신의 마음속에 있는 '욕망'이다. 더 벌고 싶다, 더 돈을 갖고 싶다는 욕망이 자손들에게 중대한 악영향을 미칠 것이 예상됨에도 불구하고 자원을 탕진시키고, 강자가 약자로부터 뺏는 것을 용인하고, 빈부격차를 확대하는 일을 계속하고 있다.

많은 사람들이 그들의 눈에 비친 탐욕스러운 비즈니스를 비난하며 무엇인가 처벌이 내려지기를 바라고 있다. 그러나 다른 한편으론 소비중독에 걸려서 삶에 정말로 필요한 것도 아닌 것을 바라고, 자원을 쓸데없이 낭비하는 데에 협력하고 있다. 혹은 지역의 산업이 곤경에 처해 있는 것을 알면서도 글로벌경제를 용인하고, 외국으로부터 유입된 값싼 상품으로 몰린다.

물론 인간인 이상 모든 욕망을 떨쳐버리는 것은 불가능할 것이다. 욕망이 행동의 원동력일 수 있는 것도 충분히 납득된다.

불교에 의하면 사람은 108 번뇌를 지니고 있다고 한다. 모든 번뇌를 소멸시키는 것은 무리일지라도, 108 중에 40이나 50 정도는 참고 견디는 게 가능하지 않을까.

구체적으로 말하면, 소비중독을 완치할 수는 없을지라도 무엇인가에 대한 욕심이 날 때, "그것이 내게 정말로 필요한 것인가"라고 물어보는 습관을 붙이는 일 정도는 가능할 것이다. 외국산 상품을 손에 쥐었을 때, 이로써 자국의 산업이 얼마나 곤경에 처할지를 상상하는 것도 가능할 것이다.

'글로벌'에서 '로컬'로

경제를 글로벌에서 로컬로 이동시키지 않으면 안된다. 소수의 대기업, 다국적기업으로부터 지역 기반 산업으로 경제를 되돌려야 한다. 특히 먹을거리는 누구든 매일 필요로 하는 것인바, 그것을 지산지소(地産地消) 원칙에 따라 실행한다면 사회와 환경에 즉시 큰 영향을 끼칠 것이다.

글로벌경제의 목표는 이익의 극대화에 있기 때문에 대량생산·대량소비를 추구하지만, 로컬로 되면 농업은 다양성을 지향하고, 그럼으로써 식물이나 동물에도 좋은 환경이 만들어진다. 또 먹을거리 생산이 로컬로 된다면 이익은 중간기업이 아니라 직접 농가한테로 돌아가고, 농가에서 일하는 사람들의 소득이 증가하면 그것은 직접 지방경제 활성화로 이어진다.

그와 같은 큰 구도만이 아니라, 무엇보다 로컬로 만들어진 것은 신선하고 영양가도 높고 보존료나 첨가물도 적어서 건강에 좋을 것이다. 먹을거리가 특정 기업에 의해서 지배되는 것을 막을 수 있다면 선진국을 위해서 곡물을 생산하고 있는 빈국(貧國)들도 자신들의 먹을거리를 생산하는 일이 가능해질 것이고, 세계적 기아현상도 감소될 것이다.

물론 이러한 풀뿌리 차원의 활동을 성공시키기 위해서는 국가 및 국제 수준에서의 정책 전환이 필요하지만, 우선은 가정의 텃밭이나 지역에서 기른 작물을 구입한다는 개인들 각자의 착실한 행동이 필요하다. 그렇게 하면 그것은 세계에 다양성과 풍요로움을 되돌려놓고, 참다운 지속가능한 공동체의 실현으로 이어질 것이다.

다국적기업이나 대기업의 이익이 아니라 국민의 행복과 건강에 초점을 둔다면, 우리는 보다 느긋하게 지역중심 경제를 구축할 수 있을 것이다. 그것은 지금과 같은 정도의 물질적으로 화려한 경제는 아닐지 모른다. 하지만 살아가는 데 필요한 것이 지역이나 국내에서 생산되도록 한다면, 그것은 지금까지의 자본주의와는 다른 새로운 형태의 경제사회체제가 될 것임이 틀림없다.

어쩌면 그것은 일본이 에도시대에 달성했던 고도의 순환형 사회 같은 것일지도 모른다.

당신에게 정말 중요한 것은 무엇인가

나는 결코 어두운 미래상을 그리는 게 아니다. 아무런 행동도 하지 않고 글로벌경제를 부추기는 미디어를 따라 다국적기업의 고객이 되어 병든 사회를 스스로 만들기보다는, 내가 사용할 젓가락이나 물통을 지니고 다니면서, 자동차를 타지 않고 걷고, 육식을 그만두고, 텃밭일을 시작하며 그리고 스스로 정보를 수집하여 현실을 바르게 파악하는 쪽이 훨씬 즐거운 게 아닐까. 나는 그러한 질문을 계속하는 것일 뿐이다.

석탄이나 석유 등 화석연료의 발견을 통해서 이른바 산업혁명이 일어남으로써 인류의 생활은 크게 변하였다. 대량생산이 가능해지자 경제 발전의 속도도 가속화되었다. 그리하여 생활이 즐겁게 되었는진 모르지만, 그 반면에 대량소비를 하지 않으면 안되게 되었다.

제조한 것만큼 소비하지 않으면 안되게 된 것이다. 즉 만든 것만큼 팔지 않으면 안되기 때문에 광고를 이용하여 사람들의 욕망을 부추기게 되었다. 없어도 좋은 물건이라도 만든 쪽은 어떻게 해서든 팔려고 한다. 본말이 전도되었지만, 넘쳐나는 상품들은 매년 계속해서 판매되어야 하기 때문에 거기에 필요한 돈도 계속해서 증가하고, 함께 불어나는 이자도 지불해야 한다.

우리는 알게 모르게 돈이 시키는 대로 춤을 추면서 성장의 계속이 행복을 가져온다고 세뇌되어 있다.

이러한 점을 의식하는 사람이 늘어나면 일본과 세계는 변할 것이다. 거기에 조금이라도 공헌할 수 있다면 좋겠다는 생각으로 나는 지금까지 말을 계속해왔다. 나의 변변찮은 말에 귀를 기울여줄 사람이 있다고 믿으면서.

2010년 6월
빌 토튼

사람을 위한 경제, 자립적 생활을 위하여

빌 토튼 선생은 정력적인 집필활동으로 알려진 평론가이지만, IT 관계 회사 '어시스트'(사원 800명)의 사장이기도 하다. 저서에도 나와있는 것처럼, 최근에는 스스로 농사일에 열심이며 사원들에게도 권유하고 있다.

경제학 박사로 IT 기업의 사장님이 어째서 농사일을? 그 이유를 알고 싶어서 우리 대학생 네 명이 취재에 나섰다. 본사는 도쿄에 있지만 자택은 교토 북쪽 가모가와(賀茂川) 강변의 조용한 주택가이다. 주위에는 크고 훌륭한 저택들뿐이다. 처음 안내된 곳은 자택의 뜰이었는데, 거기서 우리는 상당한 문화적 충격을 받았다.

이 글은 빌 토튼이 자택에서 교토(京都)지역 대학생 네 명과 나눈 대담기록이다. 출전은 Biosphere Fellows Program(http://2030.jp/collaboration)이다. 대담 날짜는 명기되어 있지 않지만, 대략 2010년 전후인 듯하다.(편집자)

100평 정도의 넓은 뜰은 전부 밭이었다. 가지, 아욱, 파, 우엉과 같은 채소 이외에 포도, 키위 등등. 군데군데 탱크가 설치되어 있는데, 이것은 빗물을 받아 밭이나 작업에 사용한다고 했다. 뜰로 가는 통로에는 큰 통이 몇개 줄지어 있었고, 그 속에는 모두 말똥, 소똥, 닭똥 등 유기비료가 들어있었다. 놀라운 것은 변소였다. 토른 선생의 변소는 이른바 이동식 화장실. 인분도 비료로 사용하기 위해서이다. 말똥은 자택에서 4킬로미터 떨어진 마구간에서 손수 리어카로 운반해 온다고 한다. 사원 800명을 보유한 회사의 사장이 말똥을 리어카에 실어서 운반한다?!

사장님이 사는 큰 자택이라고 듣고, 우리는 그냥 모든 게 자동으로 움직이는 호화로운 저택을 상상했지만 예상이 완전히 빗나갔다. 자동차는 타지 않고, 밭일을 하며 인분이나 말똥, 빗물 탱크 등. 전근대적이라 할까, 마치 에도(江戸)시대의 농민 같은 생활이었다.

일본에 귀화한 미국인이 어떻게 해서 이와 같은 생활을 하고 있는가. 그 내용은 매우 자극적이고 흥미로워 두 시간에 걸친 인터뷰가 되었다.(福森正彦, 村上佳世, 小山田貴幸, 佐藤安希子)

– 어떻게 해서 뜰을 밭으로 만드셨습니까?

전에는 이 뜰이 테니스 연습장이었습니다. 매일 두 시간 정도 연습을 했지요. 그런데 테니스를 한 뒤에 남는 것은 자만(自慢)

아니면 불만뿐이었죠.(웃음) 안되겠다 싶어서 전부 밭으로 조성했습니다. 이 밭에서 나와 우리 가족이 한 해 동안 먹는 채소가 나옵니다. 맛도 좋고 농약도 없으니까 안심이죠. 땀을 흘리니 건강에 좋고, 게다가 즐겁습니다. 좋은 것뿐입니다.(웃음)

— 주차장도 대부분 농사용 도구나 물건을 두는 장소가 되었군요.

자동차는 없이 지냅니다. 대개 걸어다니죠. 그러니 차고도 필요 없지요. 재작년까지 우리집 차고는 어떤 젊은이가 경영하는 유기 야채 가게로 빌려주었습니다. 지금은 규모가 커져서 맞은편 상점가로 옮겨 점포를 내었지만요.

— 걷는 게 좋습니까?

아주 좋지요. 날씨가 서늘해지면 교토역까지 걷습니다.

— 교토역까지요? 그렇게 멀리?

그래요. 6~7킬로미터 정도죠. 이 거리는 속칭 '사장님 거리'라고 합니다. 누구나 아는 큰 회사들의 사장 집들이 쭉 늘어서 있지요. 나는 매일 이 거리를 산보합니다. 하지만 이 거리에 살고 있는 사장님 누구와도 마주치는 일은 없어요.

― 왜 그렇죠?

그분들은 모두 검은색 자동차를 타고 다니니까요.(웃음) 나는 그런 생활은 하고 싶지 않습니다. 나는 걸어 다닙니다. 물건을 살 때도 전부 근처 가게에서 삽니다. 그래서 이 근처 사람들은 전부 친구죠. 만나면 즐거운 사람들뿐입니다.

― 토튼 선생님은 일본에 귀화하셨지요?

2006년 8월에 일본 국적을 취득했습니다. 물론 그 전부터 쭉 영주권을 갖고 있었지만. 일본에서 살게 된 지 40년이 지났군요. 바로 내일, 8월 26일이군요. 40년 전 1969년 8월 26일에 처음 일본에 왔었죠.

― 어째서 일본 국적을 갖고 싶다고 생각하셨나요?

둘째딸이 하와이에서 결혼식을 올렸습니다. 우리 부부도 차례로 카우아이, 마우이 섬을 돌았는데, 그때마다 비행장에서 별도의 게이트로 연행되어 철저한 심문을 당했습니다. 테러리스트 명단에 내 이름이 들어있었기 때문이죠. 내가 테러리스트?!(웃음) 농담이라도 너무 심한 거죠. 이유는 단순했습니다. 지금까지 내가 쓴 책에서 미국을 꽤 많이 비판했기 때문입니다. 민주주의 나라인 미국이 정부를 비판했다는 이유로 국민을 테러리스트 취급을 한다? 어디가 민주주의란 말인가…? 나는 미국에 대해서는 예전부터 절망을 하고 있었습니다. 예를 들어, 제2차 세계대전에서 미국은 국제협정을 어기고 수많은 일본 국민을 죽였습니다. 나가사키, 히로시마, 도쿄 대공습…. 어째서 죽였느냐 하면, 일본 국민이 승인한 정부가 전쟁을 수행했기 때문에 전쟁의 책임자인 국민이 죽는 것은 어쩔 수 없다는 논리였습니다. 만일 그렇다면 베트남·아프가니스탄·이라크 전쟁도 미국 시민인 우리에게 책임이 있습니다. 나는 전쟁 따위는 절대로 인정하지 않습니다. 그래서 미국 국적을 버린 것입니다. 비행장에서 테러리스트 취급을 받자 더 참을 수가 없어진 것이죠. 두 번 다시 미국 땅을 밟지 않을 것입니다.

– 처음에 어떤 이유로 일본에 오셨던가요?

일하고 있던 회사로부터 시장조사를 위해서 파견되었습니다. 특별히 희망을 했던 것은 아닙니다. 그런데 나는 대학원에서 경제를 전공했는데, 그때 교수에게서 공자의《논어》를 소개받고 읽었어요. 몹시 감명을 받았습니다. 공자의 학문은 왕이나 지배자를 향한 것입니다. "당신은 천운(天運)으로 왕의 지위를 얻었다. 하늘로부터 부여된 지위이다. 따라서 그 운명에 감사하고, 제멋대로 행동하지 말고, 사회와 백성을 위해서 진력하지 않으면 안된다." 일본에 와서 실제로 그러한 경영을 목도하게 되었습니다. 일본은 전쟁 전까지 이러한 유교를 축으로 하는 도덕교육을 하고 있었고, 전후 고도 경제성장기의 위대한 경영자들은 모두 이 유교의 가르침을 받은 사람들이었습니다. 마쓰시다 고노스케(松下幸之助), 다테이시 카즈마(立石一眞), 이데미츠 사조(出光佐三), 혼다 소우이치로(本田宗一郎) 등등. 유교적 경영으로 일본은 성공했고, 큰 경제 발전을 이루었습니다. 그래서 일본에서 비즈니스를 해보고 싶다고 생각한 것입니다.

– 미국과 일본은 비즈니스를 하는 방식이 다른가요?

다르죠. 미국은 해적 국가입니다.(웃음) 기본적으로 약육강식이죠. '토튼'은 노르웨이 이름입니다. 노르웨이는 바이킹의 나라죠. 그 해적이 프랑스를 침략해 만든 것이 노르망디. 그리고 영국, 아일랜드를 점령하고 미국으로 이주했습니다. 해적의 피가 지금도 흐르고 있습니다.(웃음) 강한 자가 이기는 것은 당연하다는 거죠. 비즈니스에서 성공하기 위해서는 상대가 가진 것을 정복하여 매수해버립니다. 이것이 미국의 기본적인 비즈니스 방식입니다.

– 이해가 잘 안되는데요. 그러면 일본의 비즈니스는 어떻습니까?

일본은 '서로 돕는' 나라입니다. 태풍이 오면 모두가 협력해서 마을을 지킵니다. 농업용 수로(水路)도 모두 함께 만듭니다.

초가지붕을 다시 입히는 일도 마을사람 모두의 협동으로 했습니다. 비즈니스도 그러했습니다. 내가 경영하는 회사도 그렇게 하고 있습니다. 사원들이 고객을 위해 열심히 일을 하면, 고객도 기뻐하고, 고객이 늘어납니다. 그 결과 회사의 수익이 오르고 급료도 올라갑니다. 때문에 고객에게 정성을 다합니다. 사원들은 주주를 위해서가 아니라 자신들을 위해서 고객에게 정성을 기울입니다. 일본은 쇼토쿠태자(聖德太子) 시절부터 "화(和)를 소중히 한다"는 정신으로 살아왔습니다. 이것이 가장 다른 점이지요.

- 그렇지만 토튼 선생님은 일본에서 40년이나 비즈니스를 해오셨는데, 그러한 일본의 좋은 전통이 사라지고 있다는 느낌을 받지 않으셨나요?

유감스럽게도 지금은 거의 사라졌지요. 일본은 쇼와(昭和) 20년, 전쟁이 끝난 이후는 그러한 도덕교육을 그만두었습니다. 쇼토쿠태자의 정신은 패전과 함께 사라졌습니다.

- 패전으로 사라졌다는 말씀은 어떤 뜻인가요?

미국이 일본을 지배하는 관계, 즉 경제적 식민지가 되었기 때문입니다. 나쁜 말로 하면, 노예화되었지요. 자유로운 인간은 스스로 판단해야 합니다. 그러므로 선악의 판단을 가르칩니다. 자유로운 사회를 유지하기 위해서는 도덕이 필요합니다. 그러나

노예한테는 자유는 필요 없습니다. 그러므로 도덕도 필요 없지요. 그저 강자의 말을 듣도록 교육하면 됩니다. 전쟁 전까지 아이들은 아버지의 등을 보며 자랐습니다. 그러나 전쟁 후에는 좋은 자식이 되려면 어머니가 하는 말을 잘 들어야 했습니다 — 이빨을 닦아라, 숙제를 해라, 자거라, 일어나거라. 이빨을 왜 닦나, 왜 숙제를 해야 하나, 1 더하기 1은 어째서 2가 되나? 그런 의문을 품는 자식은 나쁜 자식, 불량한 아이가 됩니다. 의문을 갖지 않고 그냥 시키는 대로 하는 교육, 암기교육…. 교육 '마마'(教育ママ)는 전후(戰後)에 생겨난 것입니다. 즉, 미국은 일본이 도덕교육을 그만두고, 강자한테 순종하면서 훌륭하게 일을 처리하는 인재를 기르기 위한 교육을 하도록 장려한 것입니다.

— 그렇게 해서 미국에 무슨 득이 있었나요?

전후 일본에서 가장 자연스러운 무역 상대는 아무리 봐도 중국이었습니다. 하지만 소비에트와 미국 사이에 냉전구조가 시작되어, 미국은 일본이 중국과 가까워지는 것을 두려워했습니다. 그래서 미국의 시장을 차차 일본에 개방했지요. 그렇게 해서 일본은 미국으로 수출하는 데에 중독이 되고 말았죠. 지금도 그것이 계속되고 있습니다. 도대체 자동차를 만들고 있는 나라에 자동차를 수출할 필요가 있을까요? 경제학적으로 봐도 틀린 얘기죠. 여러분은 사사키 리포트(1983년), 마에카와 리포트(1986년)에 대해서 들어보셨나요?

− 모릅니다. 가르쳐주십시오.

고이즈미 내각의 규제완화, 민영화, 빅뱅 같은 정책의 청사진이 되었던, 일본은행 총재들이 작성한 유명한 리포트입니다. 그 내용은 미국정부의 요망을 그대로 베낀 것이었죠. 거의 직역이라고 해도 좋은 것이었습니다. 나는 놀랐습니다. 이 나라는 전후 65년이 지났지만 아직 점령되어 있는 상태입니다.

− 하지만 미국 덕분에 경제대국이 되었다고 말할 수 있지 않나요? 어떻게 해서 미국을 따르는 것이 그렇게 나쁜 것인가요?

아니, 나쁜 것은 아닙니다. 다만 일본은 독립국이라는 것입니다. 독립국은 다른 나라를 따라서는 안됩니다. 독일이 어떤 나라를 따르고 있는가요? 프랑스는 어떤 나라를 따르고? 중국은 어떻습니까? 어떤 나라도 추종하지 않습니다. 그게 독립국입니다. 노예로 사는 것이 즐겁다면 노예의 길을 택해도 무방합니다. 그러나 그렇다면 유엔 상임이사국이 되고 싶다고 말해서는 안되죠.(웃음) 여러분은 부모님한테서 독립했나요?

− 아니요. 아직 못했습니다. 부모님께 빌붙어 살고 있습니다.(웃음)

그렇다면 부모님 말씀을 들어야지요. 여러분이 독립을 한 뒤에도 양친이 자기 편한 대로 이래라저래라 명령한다면 싫겠죠?

　– 독립이라는 의미로 말한다면, 에도시대의 일본은 독립해 있었다고 말할 수 있겠네요.

　일본은 에도시대에 완전한 독립국이었죠. 쇄국정책이었기 때문에 이 섬에서 자급자족하면서 우수한 순환형 사회를 구축해놓고 있었지요. 외국의 요구에도 굴함이 없었어요. 그리고 화(和)의 정신으로 260년 동안이나 평화를 지켜왔습니다. 그러한 나라는 좀처럼 없습니다.

　하지만 메이지유신이 일어난 이후 불과 10여 년 만에 중국, 러시아와 전쟁을 하고, 만주를 침공하고, 세계대전에서는 열강을 적으로 돌렸습니다. 그리고 패전 후에는 쭉 미국이 시키는 대로 해왔지요.

　– 하지만 저희는 일본이 쇄국을 했기 때문에 세계에서 뒤처져 있었다고 배웠습니다.

　쇄국이 좋은가 어떤가는 별개 문제로 하고, 당시에는 쇄국할 여지가 있었습니다. 지금은 전혀 그런 여지가 없습니다. 먹을거리는 칼로리 기준으로 60%를 수입하고, 곡물은 70%, 에너지는 80%를 수입에 의존하고 있습니다. 이것을 젊은 학생 여러분은 어떻게 생각하시는지?

－ 음, 말씀을 들으니 확실히 불안합니다. 그렇지만 저희는 태어난 이후 쭉 그런 환경에서 자라왔기 때문에 그것이 당연하게 생각되어서 별로 의문을 느끼지 않았습니다. 현실적으로 세계 전역으로부터 온 식품이 슈퍼마켓에 널려있으니까요.

의문을 갖지 않도록 하는 교육을 받아왔기 때문에 그렇지요.(웃음)

미국은 마인드컨트롤을 능란하게 하는 나라입니다. 쌀을 먹고 있던 일본인을 빵에 익숙하게 만들어 일본에 빵을 식사용으로 정착시켰습니다. 밀은 거의 미국에서 수입합니다. 영화, 음악, 책, 텔레비전 등, 미국이 얼마나 아름다운 나라인가를 계속해서 선전해서, 일본인에게 미국이라면 꿈의 나라, 동경의 나라가 되었지요. 패션이나 음악도 미국 복제품이죠. 전부 마인드컨트롤. 식사도 서양풍이 되고, 일본의 도덕은 잊혀졌습니다. 돈벌이는 좋은 것, 소비하는 것도 좋은 것, 사치는 더 좋은 것이 되었습니다. 순식간에 미국화되고 말았습니다. 그리고 경제까지 미국식으로 되었습니다.

쇼와시대가 끝날 때까지는 옛 도덕교육을 받은 경영자들이 현역이었지만, 그들이 은퇴하거나 세상을 떠난 헤이세이(平成) 원년부터 일본은 미국식 경영으로 바뀌었습니다. 이후 경제성장은 거의 제로에 가깝게 되었죠.

－ 미국식 경영이라면 어떤 것을 말하는지요?

기업은 인간의 행복과 건강에 기여하는 것만을 만든다, 이것이 경제의 본래 모습입니다. 그런데 지금은 일본에서도 회사의 이익추구 때문에 필요하지도 않은 물건을 만들어 팔고 있습니다. 심지어 건강을 해치는 식품까지 태연히 팔고 있습니다. 휴대전화도 새로운 것을 사지 않으면 안되고, 패션, 브랜드 제품, 게임, 새 자동차, 건강보조식품, 다이어트약 등등. 광고선전은 전부 마인드컨트롤입니다.

미국식 경영이라는 것은 소비자를 기업의 노예로 만드는 것입니다.

– 정말 저희들은 휴대전화 없이는 생활할 수 없습니다. 여성들도 밤낮 패션에 열중해 있지요. 하지만 그렇게 해서 기업의 실적이 늘고, 세상이 밝아진다면 좋은 것 아닌가요?

정말로 세상이 밝아진다고 생각합니까? 아까 사사키 리포트 얘기를 했지만, 사사키 리포트(1983년) 이전에는 일본 경제는 연간 10~15% 정도로 성장했습니다. 그 이후는 5%로 떨어져, 지금은 퇴행하고 있습니다.

– 그런 정도인가요.

범죄도 19% 증가하고, 자살률은 35% 증가했지요. 헤이세이 원년 이후는 50%나 증가해서, 암을 제외하면 30~40대 남성의

사인(死因)으로 자살이 제일 많습니다.

– 제일 많다고요?

그 사이에 실업률은 50~60% 증가했습니다. 생활보호 세대는 13%나 증가하고, 소득격차는 10% 이상 벌어졌습니다. 이래도 세상이 좋아졌다고 할 수 있을까요.

– 소위 승자그룹과 패자그룹의 격차가 커지고 있다…?

그렇습니다. '서로 돕는다'는 생각은 어디로 간 것일까요? 화(和)를 소중히 한다는 일본인의 미덕은 어디로 사라진 것일까요?

– 이것도 전후의 노예교육 효과라고 할 수 있겠네요.

예전에 여러분의 할아버지 시대까지는 의식주에 관한 일은 대부분 스스로 했습니다. 집도 스스로 고치고, 목수일도 했습니다. 할머니는 옷을 짓고, 채소도 스스로 길렀습니다.

지금은 돈을 벌어서 거의 모든 것을 딴 데서 사서 씁니다. 다른 사람에게 돈을 지불하여 구하고 있습니다. 불필요한 것까지 돈을 주고 삽니다.

스스로 고칠 수 없으니 대부분 쓰고 버립니다. 혹은 돈을 많이 주고 수리를 합니다. 그러한 기업의 영리목적, 즉 마인드컨트

롯이 지구의 이와 같은 위기상황을 만들어낸 것이죠. 나는 그렇게 생각합니다.

− 말씀을 들으니 틀림없이 그렇군요. 용돈은 바로 사라지거든요.(웃음)

나는 전동 기구는 가급적 갖지 않으려고 합니다. 왜냐하면 스스로 고칠 수 없으니까. 자전거도 기어가 붙어있지 않은 구식입니다. 언제라도 마실 물을 담은 수통을 지니고 다닙니다. 페트병은 사지 않습니다. 재생 가능하지 않은 것은 사지도 않고요. 나 자신이 고칠 수 없는 것은 사지 않습니다. 누군가로부터 마인드 컨트롤 당하고 싶지 않기 때문이죠. 나는 소비의 노예가 아니라 독립된 인간으로 살고 싶습니다.

− 아, 그렇군요. 이해하겠습니다. 그래서 스스로 먹을거리를 마련하려고 밭일을 하시는군요.

그래도 아직 멀었습니다.(웃음)

− 멀었다니요?(웃음)

일본의 현재 GDP는 약 500조 엔이지만, 300조 엔 이하까지 내려가는 시대가 올 것이라고 나는 생각합니다.

– 그렇게나요? 어떻게 해서요?

세 가지 이유가 있습니다. 우선 글로벌경제의 파탄. 글로벌경제라고 하지만 실태는 카지노경제, 즉 주식의 매매나 외국환거래로 돈을 버는, 도박과 같은 것입니다. 예를 들어서 2007년 외국통화의 거래액은 하루에 452조 엔이었습니다. 이것은 실제 세계의 무역액의 86배입니다. 세계의 GDP 합계의 27배이기도 하지요.

– 일본에서도 그렇습니까?

그렇지요. 일본의 외국환거래액은 연간 1만 3,140조 엔. 무역액의 84배. 일본의 실질 GDP의 25배입니다. 이것은 모두 실체경제와는 관계없는 순수한 도박입니다. 이미 리먼브라더스 도산에서 나타난 것처럼 이런 경제시스템은 틀림없이 파탄합니다.

– 그렇게 카지노경제가 과열되어 있는 줄은 몰랐습니다.

가장 큰 두 번째 이유. 그것은 석유시대가 끝나고 있다는 것입니다. 이미 피크오일은 지났습니다. 화석자원은 유한하기 때문에 반드시 고갈됩니다. 수소도 마이너스 에너지입니다. 원자력은 위험합니다. 석유처럼 싸고 풍부한 에너지는 존재하지 않습니다. 석유가 고갈되면 경제는 대폭락합니다.

— 석유가 없어진 세상이 어떨지 상상이 안됩니다. 책을 읽으면 앞으로 40년 후에는 고갈된다고 쓰여있는데, 정말 그럴까요?

알 수가 없습니다. 10년 후인지도 모르고, 50년 후일지도 모릅니다. 하지만 석유가 없어지지 않는다 해도 세계경제에 큰 제약을 가할 것이 있는데, 환경문제입니다. 10년 이내에 현재 사용하고 있는 화석연료의 75%를 줄이지 않으면 지구환경은 임계점을 넘어서고 말 것입니다. 그 이후에는 무엇을 어떻게 하더라도 1,000년간이나 계속해서 기온이 올라갑니다. 그러므로 지금까지 했던 것처럼 경제활동을 유지하는 일은 불가능합니다.

— 경제는 어쩔 수 없이 축소될 수밖에 없다….

그렇습니다. 그렇게 되면 우리 회사의 매출도 당연히 내려갈 것입니다.

— 그것은 피할 수 없겠네요. 도산도 줄을 잇겠네요.

많은 사람들이 현재의 연장(延長)으로밖에 앞날을 생각할 줄 모릅니다. 그래서 거의 모든 회사는 경제가 폭락했을 때를 대비한 계획을 세우지 않고 있습니다. 그저 구조조정뿐입니다. 내 일은 우리 회사 '어시스트'를 지키는 것입니다. 사원들의 행복과 건강을 말입니다. 주주를 위해서 일하는 게 아닙니다. 우리 회사에서는 모두가 자신의 행복과 건강을 위해서 일하고 있습니다. 사장인 나는 그것을 지킬 의무가 있지요. 급료가 줄더라도 사원들의 행복과 건강이 유지될 수 있도록 계획을 세우지 않으면 안됩니다.

– 급료가 감소되더라도 행복과 건강을 유지할 수 있는 계획?

나는 금년 10월에 새로운 책을 냈습니다. 제목은《연봉 6할에 주당 휴일 4일의 생활》입니다.(웃음) 우리 회사 '어시스트'는 종신고용입니다. 불경기가 되어도 누구도 해고하지 않습니다. 그러므로 경제가 폭락한다면 급료를 낮추는 수밖에 없습니다. 물론 누진으로, 즉 급료가 높은 사람부터 순차적으로 줄이는 방식이죠. 총액의 4할을 줄이고, 그 대신 일주일에 4일을 쉬는 방식입니다.

– 음, 일주일에 4일을 쉰다면 좋겠지만, 돈이 줄어들면 어쩌죠.(웃음)

경영자의 의무란 뭔가. 그것은 주주를 위해서 이익을 올리는 게 아닙니다. 사원의 건강과 행복을 지키는 것입니다. 나는 회사나 사원을 지키지 않으면 안됩니다. 그런데 사원들에게도 지켜달라고 해야 할 게 있습니다. 그것은 우선 소비중독에서 벗어나는 것입니다. 브랜드 제품, 해외여행, 전기제품, 패션 등등. 이런 소비를 그만두면 많이 절약할 수 있습니다. 또하나는 의식주에 관한 것을 가급적 자급하는 것입니다. 재봉, 목수일, 텃밭 등등. 그러한 기술을 몸에 붙이는 것입니다.

– 확실히 이론으로서는 납득이 됩니다만, 자신은 없는데요.(웃음)

그러니까 그것을 사원들에게 명령할 수는 없지요. 스스로 솔선해야 되니까. "아버지의 등을 보고 배운다"는 식이어야죠. 그래서 내가 테니스코트를 헐고 밭을 만든 것입니다. 1년 정도 해보고 성공한 뒤에 사원들에게 권했지요. 지금은 50~60명 정도 사원들이 시민농장이나 가정의 텃밭에서 작물을 기르고 있습니다. 회사에서 연간 2만 엔의 보조금을 줍니다. 여성은 양재 교실에 다닙니다. 거기에도 보조금을 줍니다. 그래도 스스로 의식주 문제를 처리하는 데는 시간이 부족합니다. 따라서 주당 4일을 휴무로 하자는 것이죠. 그렇게 해서 급료가 줄어도 자신의 생활과 건강을 지키자는 것입니다.

– 아름다운 얘기, 감동적입니다. 토튼 선생님께서 하고 계신 농작업의 의미가 이해됩니다.

아니, 조금만 더 들어주세요. 나의 스승을 소개하고 싶습니다. 사가아라시야마(嵯峨嵐山)에서 1,000평의 밭을 가꾸고 있는 모리 선생입니다. 이분의 생활은 대단히 훌륭합니다. 철저하고요. 그는 말합니다. "사람들은 '느린 생활(slow life)' 등에 대해서 얘기하고 있지만, 실제로는 분초를 다툴 정도로 분주합니다." 다음에는 그분을 취재해보시기를 여러분께 권합니다.

— 감사합니다. 꼭 소개해주십시오. 마지막으로 하나만 더 여쭙겠습니다. 저희들은 이제 취직활동을 시작하지 않으면 안됩니다. 그런데 어떤 일을 선택해야 할지, 특히 토튼 선생님께서 말씀하신 것처럼 경제가 대폭락한다는 점을 예상해서 저희들이 무엇을 하면 좋을지요?

여러분에게 드릴 조언도 우리 회사 사원들에 대한 조언과 같습니다. 일상생활에 쓸모가 있는 일, 즉 의식주에 관한 장인(匠人), 전문가가 되라는 것입니다. 그렇게 하면 평생을 먹고살 수 있습니다. 샐러리맨은 아니죠.(웃음) 정년이 있으니까. 경제 상황에 따라 목이 잘릴 수도 있어요.(웃음) 평생 먹고사는 것은 무리입니다.

우리 회사의 사원들은 샐러리맨이라기보다는 정보 전문가들입니다. 인터넷이나 IT로 막대한 에너지를 씁니다. '야후'의 두 개 컴퓨터센터만으로도 세계 전체 텔레비전에 사용되는 것과 같은 전력이 소비됩니다. 그래서 우리 회사에서는 장래의 정보전달 수단으로서 아마추어 라디오 연구 프로젝트를 시작하려고 합니다. 이것은 에너지도 적게 들고 간단하기 때문에 스스로 수리도 할 수 있습니다. 무엇보다 사회에 쓸모가 있습니다. 즉, 내가 말하고 싶은 것은, 직접 쓸모가 있는 기술을 몸에 붙이자는 겁니다. 회사에 다니지 않아도 좋습니다. 그런 생활에 직접 쓸모 있는 기술을 익히는 것이 중요합니다.

– 예를 들어, 토튼 선생님처럼 텃밭도 가꾸고…. 회사생활을 하시면서 자기 먹을 것을 만드는 기술을 연마한다….

그렇지요. 농민은 훌륭한 기술자입니다. 농민이 되는 것은 무리라 하더라도 텃밭을 시작하는 것은 아름다운 일입니다. 첫째, 맛이 좋습니다! 그러면 건강에 좋습니다. 더욱 좋은 것은 즐겁다는 것이죠. 나도 자연과 교감하며 바쁘게 지내는 것이 이렇게 즐거운 일일 줄은 몰랐습니다.

– 오늘 좋은 말씀을 들려주셔서 고맙습니다. 역사나 경제 이야기도 재미있었고, 거기서 살아가는 지침 같은 것을 배웠다고 생각합니다. 정말 감사합니다.

참고문헌

· Angell, Norman, *The Story of Money*, 1929

· Bagehot, Walter, *Lombard Street: A Description of the Money Market*, 1873 (《롬바드 스트리트》, 월터 바지호트, 유종권 옮김, 아카넷, 2001년)

· Bernstein, Peter L., *Against the Gods: The Remarkable Story of Risk*, 1996 (《위험, 기회, 미래가 공존하는 리스크 - 위기를 기회로 바꾸는 신의 법칙》, 피터 L. 번스타인, 안진환 옮김, 한국경제신문사, 2008년)

· Board of Directors of the Federal Reserve System, *The Federal Reserve System: Its Purposes and Function*, 1939

· Boyle, David, *The Little Money Book: A Provocative View of the Way Money Works*, 2003 (《행복한 돈 만들기》, 데이비드 보일, 손정숙 옮김, 디오네, 2006년)

· Brenner, Robert, *The Boom and The Bubble: The US in the World Economy*, 2002 (《붐 앤 버블 - 호황 그 이후, 세계경제의 그 그늘과 미래》, 로버트 브레너, 정성진 옮김, 아침이슬, 2002년)

· Brown, Ellen Hodgson, *The Web of Debt: The Shocking Truth About Our Money System - The Sleight of Hand That Has Trapped Us in Debt and How We Can Break Free*, 2007 (《달러 - 사악한 화폐의 탄생과 금융몰락의 진실》, 엘렌 호지슨 브라운, 이재황 옮김, 이른아침, 2009년)

· Chancellor, Edward, *Devil Take the Hindmost: A History of Financial Speculation*, 1999 (《금융투기의 역사 - 튤립투기에서 인터넷 버블까지》, 에드워드 챈슬러, 강남규 옮김, 국일증권경제연구소, 2001년)

· Chernow, Ron, *The House of Morgan: An American Banking*

Dynasty and the Rise of Modern Finance, 1990(《금융제국 J. P. 모건》
(1, 2권), 론 처노, 강남규 옮김, 플래닛, 2007년)

· Coogan, Gertrude M., *Money Creators: Who Creates Money? Who
Should Create It?*, 1935

· Cook, Peter, *Bankonomics in One Easy Lesson*, 1983

· Cook, Richard C., *We Hold These Truths: The Hope of Monetary
Reform*, 2009

· Currie, Lauchlin, *The Supply and Control of Money in the United
States*, 1935

· Del Mar, Alexander, *A History of Money in Ancient Countries from
the Earliest Times to the Present*, 1885

· Del Mar, Alexander, *A History of Precious Metals from the Earliest
Times to the Present*, 1902

· Del Mar, Alexander, *History of Monetary Systems*, 1896

· Del Mar, Alexander, *Money and Civilization: Or A History of the
Monetary Laws and Systems of Various States since the Dark Ages
and Their Influence on Civilization*, 1886

· Del Mar, Alexander, *The History of Money in America: From the
Earliest Times to the Establishment of the Constitution*, 1899

· Del Mar, Alexander, *The Science of Money*, 1885

· Douthwaite, Richard, *The Ecology of Money*, 1999

· Fehrenbach, T. R., *The Swiss Banks*, 1966(《스위스 은행》, T. R. 페렌
바하, 명지출판사 편집부 옮김, 명지출판사, 1982년)

· Fisher, Irving, *100% Money*, 1936

· Fisher, Irving, *The Money Illusion*, 1928

· Galbraith, James Kenneth, *A Short History of Financial Euphoria*, 1990

· Galbraith, James Kenneth, *Money: Whence it Came, Where it Went*, 1975, 1995

· Galbraith, James Kenneth, *The Great Crash 1929*, 1954

· Gardiner, Geoffrey W., *The Evolution of Creditary Structures and Controls*, 2006

· Goodwyn, Lawerence, *Democratic Promise: The Populist Movement in America*, 1976

· Greco, Thomas H. Junior, *Money and Debt: A Solution to the Global Crisis*, 1989

· Greider, William, *Secrets of the Temple: How the Federal Reserve Runs the Country*, 1987

· Griffin, G. Edward, *The Creature from Jekyll Island: A Second Look at the Federal Reserve*, 1988

· Hellyer, Paul, *Funny Money: A Common Sense Alternative to Mainline Economics*, 1994

· Hixson, William F., *Triumph of the Bankers, Money and Banking in the Eighteenth and Nineteenth Centuries*, 1993

· Hutchinson, Frances, *What Everybody Really Wants to Know about Money*, 1998

· Ingham, Geoffrey (editor), *Concepts of Money*, 2005

· International Institute of Islamic Economics, *IIIE's Blueprint of Islamic Financial System*, 1999

· Kellogg, Edward, *Labor and Other Capital*, 1849

· Kennedy Margrit, *Interest and Inflation Free Money*, 1995

· Kindleberger, Charles P., *Manias, Panics and Crashes: A History of Financial Crises*, 1978, 2000 (《광기, 패닉, 붕괴 – 금융위기의 역사》, 찰스 P. 킨들버거, 로버트 Z. 알리버, 김홍식 옮김, 굿모닝북스, 2006년)

· Kindleberger, Charles P., *The World in Depression: 1929 to 1939*, 1973, 1986 (《대공황의 세계》, 찰스 P. 킨들버거, 박명섭 옮김, 부키, 1998)

· Knapp, George Friedrich, *The State Theory of Money*, 1924

· Lapham, Lewis (editor), *About Money, Lapham's Quarterly*, Spring 2008

· Lietaer, Bernard, *The Future of Money: Creating New Wealth, Work and a Wiser World*, 2001

· List, Frederick, *National System of Political Economy*, 1856

· Mackay, Charles, *Extraordinary Popular Delusions and the Madness of Crowds*, 1841

· Mayer, Martin, *The Bankers*, 1974 (《뱅커스 – 탐욕과 공익의 두 얼굴》, 마틴 메이어, 이현옥 옮김, 지식노마드, 2009년)

· Mayer, Martin, *The Fed: The Inside Story of How the World's Most Powerful Financial Institution Drives the Markets*, 2001

· Mayer, Martin, *The Greatest-Ever Bank Robbery: The Collapse of the Savings and Loan Industry*, 1990

· Mills, John, *A Critical History of Economics*, 2002

· Minsky, Hyman P., *Stabilizing An Unstable Economy*, 1986

· Minsky, Hyman, *John Maynard Keynes*, 1975

· Mints, Lloyd W., *A History of Banking Theory: in Great Britain and the United States*, 1945

· Mitchell, Lawerence E., *The Speculation Economy: How Finance Triumphed Over Industry*, 2007

· Nelson, Benjamin N., *The Idea of Usury*, 1949

· Nevin, Arian Forrest, *National Economy: The Way to Abundance*, 2008

· Phillips, Ronnie J., *The Chicago Plan & New Deal Banking Reform*, 1995

· Rothbard, Murray N., *The Case Against the Fed*, 1994

· Rothbard, Murray N., *Wall street, Banks and American Foreign Policy*, 1984

· Rothbard, Murray N., *What Has Government Done to Our Money? — and The Case for a 100 Percent Gold Dollar*, 1991 (《정부는 우리 화폐이 무슨 일을 해왔는가?》, 머레이 N. 라스바드, 전용덕 옮김, 지식을만드는지식, 2012년)

· Rowbotham, Michael, *Goodbye America!: Globalization, debt and the dollar empire*, 2000

· Rowbotham, Michael, *The Grip of Death: A study of modern money, debt slavery and destructive economics*, 1998

· Search, R. E., *Lincoln, Money Martyred*, 1935

· Shiller, Robert J., *Irrational Exuberance*, 2000 (《이상과열 – 거품증시의 탄생과 몰락》, 로버트 J. 쉴러, 이강국 옮김, 매일경제신문사, 2003년)

· Simons, Henry C., *Economic Policy for a Free Society*, 1948

· Solomon, Steven, *The Confidence Game: How Unelected Central Bankers are Governing the Changed World Economy*, 1995

· Stiglitz, Joseph E. and Bruce Greenwald, *Towards a New Paradigm in Monetary Economics*, 2003

· Stuart, James Gibb, *The Money Bomb*, 1983

· Thoren, Theodore R. and Richard F. Warner, *The Truth in Money Book*, 1980

· Vilar, Pierre, *A History of Gold and Money: 1450 to 1920*, (1960), translated by Judith White, 1976

· Weatherford, Jack, *The History of Money*, 1997 (《돈의 역사와 비밀 − 그 은밀한 유혹》, 잭 웨더포드, 전지현 옮김, 청양, 2001년)

· Werner, Richard A., *New Paradigm in Macroeconomics: Solving the Riddle of Japanese Macroeconomic Performance*, 2005

· Werner, Richard A., *Princes of the Yen: Japan's Central Bankers and the Transformation of the Economy*, 2003 (《금융의 역습, 과거로부터 미래를 읽다》, 리하르트 베르너, 유진숙·오영상 옮김, 유비온, 2009년)

· Wilson, Derek, *Rothschild: The Wealth and Power of a Dynasty*, 1988

· Wray, L. Randall(editor), *Credit and State Theories of Money: The Contributions of A Mitchell Innes*, 2004

· Wray, L. Randall, *Understanding Modern Money: The Key to Full Employment and Price Stability*, 1998

· Zarlenga, Stephen, *The Lost Science of Money*, 2002

저자

빌 토튼(Bill Totten)

1941년 미국 캘리포니아주 출생. 1963년 캘리포니아 주립대학 졸업
후, 록웰사(社) 근무. 1967년 시스템디벨롭먼트사(社)로 전직. 재직하
면서 1969년 남캘리포니아대학 경제학 박사학위 취득. 그해에 시장조
사를 위해 일본을 방문, 1972년 패키지 소프트웨어 판매회사인 주식
회사 어시스트(アシスト) 설립. 이 회사의 대표이사이다. 2006년 8월에
일본으로 귀화, 현재 교토 거주.

주요 저서로《日本は略奪国家アメリカを棄てよ》(ビツネス社),《愛国者の流儀》
(PHP研究所),《年収6割でも週休4日という生き方》(小学館) 등이 있다.

역자

김종철(金鍾哲)

《녹색평론》발행·편집인.

100% 돈이 세상을 살린다

2013년 8월 30일 초판 제1쇄 발행
2021년 8월 20일 초판 제3쇄 발행

저자   빌 토튼
역자   김종철
발행처   녹색평론사

주소   서울시 종로구 돈화문로 94 동원빌딩 501호
전화   02-738-0663, 0666
팩스   02-737-6168
웹사이트   www.greenreview.co.kr
이메일   editor@greenreview.co.kr
출판등록   1991년 9월 17일 제6-36호

ISBN   978-89-90274-74-8 04320
ISBN   978-89-90274-57-1(세트)

값 10,000원